企业财务会计

QIYE CAIWU KUAIJI

主　编　赵建素

副主编　任　蕊　芦睿娟

内容提要

本书共包括十个项目，分别是企业财务会计概述，货币资金，应收和预付款项，存货，固定资产，无形资产和长期待摊费用，负债，所有者权益，收入、费用和利润，财务报表。

本书既可作为中等职业学校财经商贸类专业学生的教材，也可作为成人函授、自学考试及各类社会培训机构的教学用书，还可供相关工作人员参考。

图书在版编目(CIP)数据

企业财务会计 / 赵建素主编. —上海 ：上海交通大学出版社，2021.11(2024.7 重印)

ISBN 978-7-313-25648-5

Ⅰ. ①企… Ⅱ. ①赵… Ⅲ. ①企业管理—财务会计—中等专业学校—教材 Ⅳ. ①F275.2

中国版本图书馆 CIP 数据核字(2021)第 225417 号

企业财务会计

QIYE CAIWU KUAIJI

主　　编：赵建素

出版发行：上海交通大学出版社　　地　　址：上海市番禺路 951 号

邮政编码：200030　　电　　话：021-64071208

印　　制：三河市骏杰印刷有限公司　　经　　销：全国新华书店

开　　本：787 mm×1 092 mm　1/16　　印　　张：15

字　　数：215 千字

版　　次：2021 年 11 月第 1 版　　印　　次：2024 年 7 月第 3 次印刷

书　　号：ISBN 978-7-313-25648-5

定　　价：39.80 元

Preface
前　言

国务院于 2019 年 1 月 24 日印发的《国家职业教育改革实施方案》要求："坚持以习近平新时代中国特色社会主义思想为指导，把职业教育摆在教育改革创新和经济社会发展中更加突出的位置。牢固树立新发展理念，服务建设现代化经济体系和实现更高质量更充分就业需要，对接科技发展趋势和市场需求，完善职业教育和培训体系，优化学校、专业布局，深化办学体制改革和育人机制改革，以促进就业和适应产业发展需求为导向，鼓励和支持社会各界特别是企业积极支持职业教育，着力培养高素质劳动者和技术技能人才。"在此背景下，我们组织编写了本书。

企业财务会计是会计的一个分支，旨在向企业会计报告使用者提供与企业财务状况、经营成果和现金流量等有关的会计信息，反映企业管理层受托责任的履行情况，有助于会计报告使用者做出经济决策。为了增强本书的实用性，结合中职学生的认知特点，按照理论够用为度、知识注重实用的原则，编者设计出以岗位工作为项目，以岗位技能为任务，知识与能力训练相结合的"教、学、做"一体化的新型教材，希望有助于提高教师教学工作的效率与质量，优化学生的课程学习资源，提高学生的学习效果。

本书紧紧围绕中等职业学校企业财务会计课程的教学标准，以《企业会计准则》为依据，精心编写而成，注重教与学的互动，有助于拓展学生的创新思维和提高学生的实践技能。本书由十个项目组成，分别为企业财务会计概述，货币资金，应收和预付款项，存货，固定资产，无形资产和长期待摊费用，负债，所有者权益，收入、费用和利润，财务报表。

本书的特色如下：

（1）力求选材合理，内容丰富而不枯燥，结构严谨又新颖活泼，叙述深入浅出，结合知识实际开展能力训练。

（2）为方便学生学习，本书每个项目都设置了“学习目标”“夯实基础知识”“职业能力训练”模块。“学习目标”能使学生在学习的过程中明确目标；“夯实基础知识”能帮助学生掌握学习目标要求掌握的理论知识；“职业能力训练”可以引导学生进入实战环境，帮助学生提高职业实践能力。

（3）注重素质教育，育人育德并举。本书设置了“德育园地”模块，旨在寻找专业知识与德育的契合点，从而引导学生树立诚信意识和廉洁自律的职业价值观，增强学生的社会责任感和使命感。

（4）为了使内容更加充实，本书还设置了“财经知识拓展”模块，拓宽学生的视野，深化学生的思维，强化学生对知识的理解和应用能力。

（5）融入数字教学资源。本书添加了大量的数字教学资源，学生用手机扫描二维码即可进行学习，可以更好地满足学生的自主学习需求。

本书由石家庄财经商贸学校赵建素任主编，石家庄财经商贸学校任蕊、芦睿娟任副主编，石家庄财经商贸学校曹蕊、陈镜、庞翠、田杨、王曼、张丹、张蕾、周茜参与了编写。具体编写分工如下：赵建素负责全书知识点的编写，任蕊负责提供职业能力训练的答案，任蕊、芦睿娟、曹蕊、陈镜、庞翠、田杨、王曼、张丹、张蕾、周茜负责为本书提供微课资源，芦睿娟负责微课资源的审核。

在编写本书的过程中，编者参考了大量的文件资料和著作，在此谨向相关的作者致谢！

由于编者水平有限，书中难免存在错误之处，恳请广大读者批评指正。

编　者

Contents

目　录

项目一

企业财务会计概述

学习目标

知识目标

- 掌握会计基本假设、会计基础和会计信息质量要求；
- 熟知会计职业道德规范。

能力目标

- 能够遵守会计职业道德；
- 可以明确企业财务会计核算的基本假设与会计基础。

项目导入

张泽初中毕业后考入一所中等职业学校学习会计事务专业，虽然已经学习了基础会计，对会计六要素有所了解，但他对于会计人员到底要做哪些工作、履行哪些职责还是一知半解。

本项目旨在使大家对企业财务会计有一个全面的认识，为以后各项目的学习奠定基础。

任务一 初识企业财务会计

夯实基础知识

一、企业财务会计的概念

企业财务会计是以货币作为主要计量单位，采用专门的方法，对企业的经济活动进行连续、系统、完整的核算和监督，以提供经济信息和反映受托责任履行情况为主要目的的经济管理活动。

二、企业财务会计系统

企业财务会计系统是企业财务会计作为一个信息系统的信息输入、加工和输出的基本程序，包括会计确认、会计计量、会计记录和会计报告四个阶段。

（一）会计确认

会计确认是将某一项目作为某一会计要素的内容正式地记入账册，并在期末正式地列入财务报表的过程。企业应当按照交易或者事项的经济特征确定会计要素。会计要素包括资产、负债、所有者权益、收入、费用和利润。

（二）会计计量

企业在将符合确认条件的会计要素登记入账并列报于会计报表及其附注时，应当按照规定的会计计量属性进行计量，确定其金额。

会计计量属性主要包括历史成本、重置成本、可变现净值、现值和公允价值等。

1. 历史成本

历史成本又称实际成本，是指取得或制造某项财产物资时所实际支付的现金或者现金等价物的金额。

2. 重置成本

重置成本又称现行成本，是指按照当前市场条件，重新取得同样一项资产所需支付的现金或现金等价物的金额。

3. 可变现净值

可变现净值是指在生产经营过程中，以预计售价减去进一步加工成本和销售所必需的预计税金、费用后的净值。

4. 现值

现值是指对未来现金流量以恰当的折现率进行折现后的价值，是考虑货币时间价值因素等的一种计量属性。

5. 公允价值

公允价值是指市场参与者在计量日发生的有序交易中，出售一项资产所能收到或者转移一项负债所需支付的价格。

（三）会计记录

会计记录是将经确认、计量的项目运用复式记账的方法记入有关账簿的过程。

（四）会计报告

会计报告是反映企业财务状况、经营成果、现金流量等会计信息的文件，包括财务报表和其他应当在财务报告中披露的相关信息和资料。

三、企业财务会计核算和监督的内容

企业财务会计核算和监督的内容，就是企业从事生产经营活动过程中资产、负债、所有者权益、收入、费用、利润六个会计要素及其增减变动情况。

四、企业财务会计的目标

企业财务会计的目标是向会计报告使用者提供与企业财务状况、经营成果和现金流量等有关的财务会计信息，满足社会各方面的需要，以便于会计报告使用者做出经济决策。

企业财务会计信息的使用者主要包括投资者、债权人、政府及有关部门、社会公众等。

职业能力训练

一、职业分析能力训练

【分析思考】

1. 如果没有会计，我们很难了解一个企业。会计讲述的就是企业

的故事，讲述企业的资产、负债和收入，讲述跟我们生活息息相关的工资、社会保险费、个人所得税等。那么，企业要把故事讲给谁听？投资者、债权人、政府及有关部门、社会公众等分别关注企业的哪些信息？

____

____

2. 某企业 8 月与销售方签订购买一台设备的合同，但该台设备实际是在 10 月购买的；该企业还采用融资租赁方式租入机器设备一台；企业库存的一批材料因水灾而发生了毁损。上述设备和库存材料是否属于该企业的资产？为什么？

____

____

二、职业实践能力训练

【企业调研】

选择一家中小企业，对其财务会计现状进行调研，了解其会计人员基本情况、会计机构设置情况、会计基础工作情况等，写一篇简短的调研报告。

任务二 明确会计基本假设

夯实基础知识

会计基本假设是企业会计确认、计量和报告的前提，是对会计核算所处的时间、空间环境等所做的合理假定。会计基本假设包括会计主体、持续经营、会计分期和货币计量。

一、会计主体

会计主体是指企业会计确认、计量和报告的空间范围，即会计核算和监督的特定单位或组织。在会计主体假设下，企业应当对其本身发生的交易或者事项进行会计确认、计量和报告，反映企业本身所发生的经济活动。

明确界定会计主体是开展会计确认、计量和报告工作的重要前提。首先，明确会计主体，才能划定会计所要处理的各项交易或事项的范围。其次，明确会计

主体，才能将会计主体的交易或者事项与会计主体所有者的交易或者事项以及其他会计主体的交易或者事项区分开来。会计主体不同于法律主体。一般而言，法律主体必然是一个会计主体，但是会计主体不一定是法律主体。

二、持续经营

持续经营是指在可以预见的未来，企业将会按当前的规模和状态继续经营下去，既不会停业，也不会大规模削减业务。

微课
持续经营

在持续经营假设下，会计的确认、计量和报告应当以企业持续、正常的经济活动为前提。

三、会计分期

会计分期是指将一个企业持续经营的经济活动划分为一个个连续的、长短相同的期间，以便分期结算账目和编制会计报告。

在会计分期假设下，企业应当划分会计期间，分期结算账目和编制会计报告。

四、货币计量

货币计量是指会计主体在会计确认、计量和报告时，以货币作为计量尺度，反映会计主体的经济活动。我国会计核算以人民币为记账本位币。业务收支以人民币以外的货币为主的单位，可以选定其中一种货币作为记账本位币，但是编报的会计报告应当折算为人民币。

职业能力训练

一、职业分析能力训练

【分析思考】

1. 如何理解“会计主体不同于法律主体”？

____

____

2. 为什么说持续经营是一种假设？

____

____

3. 在经济全球化的今天，有些企业经济活动涉及人民币以外的货币，如何进行货币计量？

____

____

二、职业实践能力训练

（一）业务描述

【业务1】甲公司向乙公司销售产品，货款尚未收到。该笔经济业务发生后，甲、乙两家公司应如何设定会计主体进行会计核算？

【业务2】甲公司自成立以来，经营状况良好，该公司对其使用的一台价值360 000元、使用年限为10年的机器设备每月计提折旧3 000元。甲公司对使用的机器设备计提折旧是以什么会计假设为前提的？

【业务3】A、B、C三人共同出资创建了一家公司。A认为，公司是自己与B、C合伙经营的，并且彼此之间关系非常密切，在经济上不分你我。公司缺少现金时，便从家里拿，家里用钱，也从公司取。个人与公司之间类似的资金活动也没单独记账。到了年底，A问公司会计，公司今年盈利与否，会计却无法回答。会计为什么无法回答A的问题？

（二）训练目标

能够根据业务提供的资料，理解掌握会计基本假设。

（三）训练内容

请根据业务描述，判断每项业务涉及的会计基本假设并填入表1-1中。

表1-1

业务序号	会计基本假设
【业务1】	
【业务2】	
【业务3】	

任务三 掌握会计基础知识

夯实基础知识

会计基础是指会计确认、计量和报告的基础，包括权责发生制和收付实现制。

一、权责发生制

微课
权责发生制

权责发生制是指以取得收取款项的权利或支付款项的义务为标志，来确定本期收入和费用的会计核算基础。

凡是本期已经实现的收入和已经发生或应负担的费用，无论款项是否收付，都应当作为本期的收入和费用处理；凡是不属于本期的收入和费用，即使款项已经在本期收付，也不应作为本期的收入和费用处理。

权责发生制是依据持续经营和会计分期两个基本前提，来正确划分不同会计期间收入、费用等会计要素的归属，并运用一些如应收、应付、预收、预付等项目来记录由此形成的资产和负债等会计要素。

《企业会计准则——基本准则》第九条规定，企业应当以权责发生制为基础进行会计确认、计量和报告。

二、收付实现制

收付实现制是指以款项的实际收付为标志，来确定本期收入和费用的会计核算基础。

《政府会计准则——基本准则》规定，政府会计由预算会计和财务会计构成。预算会计实行收付实现制，国务院另有规定的，依照其规定。财务会计实行权责发生制。

职业能力训练

一、职业分析能力训练

【分析思考】

在实际工作中，企业交易或事项的发生时间与款项收付的时间有时并不完全一致。例如，款项已经收到，但销售并未实现；或者款项已经支付，但与本期的生产经营活动无关。收入、费用的确认时点应如何确定？如何进行跨期处理？

二、职业实践能力训练

（一）业务描述

乙公司12月发生的经济业务如下：

【业务1】本月销售商品50 000元，下月收回货款。

【业务2】本月收回客户上月所欠的货款20 000元。

【业务3】根据销售合同的规定，收到某客户的购货定金40 000元。

【业务4】以银行存款支付本季度短期借款利息9 000元。

【业务5】以银行存款支付下一年度财产保险费12 000元。

【业务6】计算确定本月管理部门应负担的设备租金2 000元。

（二）训练目标

能够分别按照权责发生制和收付实现制确认收入与费用，计算盈亏。

（三）训练内容

在两种会计基础下，根据业务描述分别确定当期收入与当期费用并计算12月的盈亏。相应数据填入表1-2中。

表1-2

业务序号	权责发生制		收付实现制	
	当期收入	当期费用	当期收入	当期费用
【业务1】				

续表

业务序号	权责发生制		收付实现制	
	当期收入	当期费用	当期收入	当期费用
【业务2】				
【业务3】				
【业务4】				
【业务5】				
【业务6】				
权责发生制下12月盈亏				
收付实现制下12月盈亏				

任务四 明确会计信息质量要求

夯实基础知识

会计信息质量要求是对企业会计报告所提供的会计信息质量的基本要求，是使会计报告所提供的会计信息对信息使用者决策有用应具备的基本特征，主要包括可靠性、相关性、可理解性、可比性、实质重于形式、重要性、谨慎性和及时性等。

一、可靠性

可靠性要求企业应当以实际发生的交易或者事项为依据进行会计确认、计量和报告，如实反映符合确认和计量要求的各项会计要素及其他相关信息，保证会计信息真实可靠、内容完整。

二、相关性

相关性要求企业提供的会计信息应当与会计报告使用者的经济决策需要相关，有助于会计报告使用者对企业过去、现在或者未来的情况做出评价或者预测。

三、可理解性

可理解性要求企业提供的会计信息应当清晰明了，便于会计报告使用者理解和使用。

四、可比性

微课
可比性

可比性要求企业提供的会计信息应当相互可比，具体包括以下两层含义。

（一）同一企业不同时期可比

可比性要求同一企业不同时期发生的相同或者相似的交易或者事项，应当采用一致的会计政策，不得随意变更。确需变更的，应当在附注中说明。

（二）不同企业相同会计期间可比

可比性要求不同企业同一会计期间发生的相同或者相似的交易或者事项，应当采用同一会计政策，确保会计信息口径一致、相互可比。

五、实质重于形式

实质重于形式要求企业应当按照交易或者事项的经济实质进行会计确认、计量和报告，不应仅以交易或者事项的法律形式为依据。

企业发生的交易或事项在多数情况下其经济实质和法律形式是一致的，但在有些情况下也会出现不一致。例如，企业融资租入的资产，虽然从法律形式来说，企业并不拥有其所有权，但是由于租赁合同规定的租赁期相当长，往往接近于该资产的使用寿命，租赁期结束时承租企业有优先购买该资产的选择权，在租

赁期内承租企业有权支配资产并从中受益，从其经济实质来看，企业能够控制租入资产所创造的未来经济利益，在会计确认、计量和报告时，就应当将租入的资产视为企业的资产，在企业的资产负债表中进行反映。

六、重要性

重要性要求企业提供的会计信息应当反映与企业财务状况、经营成果和现金流量等有关的所有重要交易或者事项。

会计报告中提供的会计信息的省略或者错报会影响其使用者据此做出决策的，该信息就具有重要性。重要性的应用需要依赖职业判断，企业应当根据其所处环境和实际情况，从项目的性质和金额大小两方面加以判断。

七、谨慎性

谨慎性要求企业对交易或者事项进行会计确认、计量和报告时应当保持应有的谨慎，不应高估资产或者收益、低估负债或者费用。

企业在面临不确定性因素的情况下做出职业判断时，应当保持应有的谨慎，充分估计各种风险和损失，既不高估资产或者收益，也不低估负债或者费用。

八、及时性

及时性要求企业对已经发生的交易或者事项，应当及时进行会计确认、计量和报告，不得提前或者延后。

会计信息的价值在于帮助会计信息使用者做出经济决策，应当具有时效性。在会计确认、计量和报告的过程中贯彻及时性，一是要求及时收集会计信息；二是要求及时处理会计信息；三是要求及时传递会计信息，便于会计信息使用者及时使用和决策。

职业能力训练

一、职业分析能力训练

【分析思考】

1. 会计所讲述的故事能否像文学故事一样有虚构的成分？

____

____

2. 会计报告的使用者对财务会计提供的信息有哪些要求？如何确保财务会计已经按要求进行了会计处理？

____

____

二、职业实践能力训练

（一）业务描述

【业务1】2014年至2016年6月，某公司采取虚减应收账款、少计提坏账准备等手段，虚构有关财务数据，并在向证监会报送的定期会计报告中载入重大虚假内容。2017年1月27日，公司股票在证券交易所创业板挂牌上市，共募集资金2.57亿元。上市后，该公司继续沿用前述手段进行财务造假，向公众披露了具有重大虚假内容的2016年年度报告、2017年半年度报告、2017年年度报告等重要信息。2020年7月，证券交易所决定对该公司进行退市、摘牌处理。

据此，法院依法以欺诈发行股票罪判处该公司罚金人民币832万元；以欺诈发行股票罪、违规披露重要信息罪判处该公司董事长有期徒刑3年，并处罚金人民币10万元；以欺诈发行股票罪、违规披露重要信息罪判处该公司财务总监有期徒刑2年，并处罚金人民币8万元。

【业务2】某公司首次向银行申请贷款，由于银行不了解公司的情况，信贷员需要做贷前调查。调查的第一步就是收集公司的相关资料，包括基本资料、财务资料、信用资料，其中的客户财务资料主要是资产负债表、利润表、现金流量表等财务报表，并且要求公司提供近3年的会计报表，目的就是通过报表数据计算客户的流动比率、资产负债率、销售利润率、应收账款周转率、现金流量等基本财务指标，掌握该公司与财务状况相关的信息。

【业务3】企业对应收账款计提坏账准备、对售出商品可能发生的保修义务确认预计负债。

（二）训练目标

能够根据业务提供的资料，甄别会计信息质量要求。

（三）训练内容

根据业务描述对其涉及的会计信息质量要求进行甄别，并填入表1-3中。

表1-3

业务序号	会计信息质量要求
【业务1】	
【业务2】	
【业务3】	

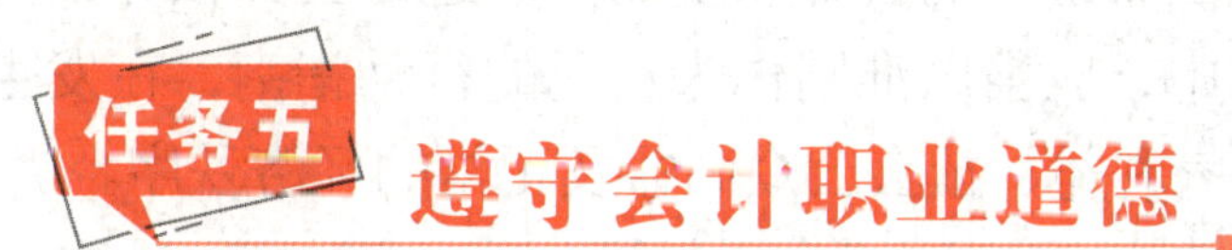

任务五 遵守会计职业道德

夯实基础知识

《中华人民共和国会计法》规定，会计人员应当遵守职业道德，提高业务素质。会计职业道德主要包括爱岗敬业、诚实守信、廉洁自律、客观公正、坚持准则、提高技能、参与管理、强化服务等内容。

一、爱岗敬业

爱岗敬业要求会计人员正确认识会计职业，树立职业荣誉感；热爱会计工作，敬重会计职业；安心工作，任劳任怨；严肃认真，一丝不苟；忠于职守，尽职尽责。

二、诚实守信

诚实守信要求会计人员做老实人，说老实话，办老实事，不搞虚假；保密守信，不为利益所诱惑；执业谨慎，信誉至上。

三、廉洁自律

廉洁自律要求会计人员树立正确的人生观和价值观；公私分明、不贪不占；遵纪守法，一身正气。廉洁就是不贪污钱财，不收受贿赂，保持清白。自律是指按照一定的标准，自己约束自己、自己控制自己的言行和思想的过程。自律的核心是用道德观念自觉抵制不良欲望。对于整天与钱财打交道的会计人员来说，经常会受到金钱的诱惑，如果职业道德观念不强、自律意志薄弱，很容易成为金钱的奴隶，走向犯罪的深渊。

四、客观公正

客观公正要求会计人员端正态度，依法办事；实事求是，不偏不倚；如实反映，保持应有的独立性。

五、坚持准则

坚持准则要求会计人员熟悉国家法律、法规和国家统一的会计制度，始终坚持按法律、法规和国家统一的会计制度的要求进行会计核算，实施会计监督。会计人员在实际工作中，应当以准则作为自己的行动指南，在发生道德冲突时，应坚持准则，维护国家利益、社会公众利益及正常的经济秩序。

六、提高技能

提高技能要求会计人员具有不断提高会计专业技能的意识和愿望，具有勤学苦练的精神和科学的学习方法，刻苦钻研，不断进取，提高业务水平。

七、参与管理

参与管理要求会计人员在做好本职工作的同时，努力钻研业务，全面熟悉本单位经营活动和业务流程，主动提出合理化建议，积极参与管理，使管理活动更有针对性和实效性。

八、强化服务

强化服务要求会计人员树立服务意识，提高服务质量，努力维护和提升会计职业的良好社会形象。

职业能力训练

一、职业分析能力训练

【分析思考】

1.［多项选择题］廉洁自律要求会计人员（　　）。

A. 公私分明　　B. 不贪不占　　C. 熟悉准则　　D. 清正廉洁

2.［多项选择题］会计职业道德“提高技能”中所指的“会计专业技能”，其主要内容包括（　　）。

A. 会计专业理论水平

B. 沟通交流能力

C. 会计实务操作能力

D. 职业判断能力

3.［多项选择题］张某为某单位的会计人员，平时工作努力，钻研业务，积极提供合理化建议，这体现了张某具有（　　）的职业道德。

A. 爱岗敬业　　B. 客观公正

C. 提高技能　　D. 参与管理

二、职业实践能力训练

（一）业务描述

【业务 1】某商场出纳员王某在报销差旅费时，同样是领导批准、主管会计审核无误的差旅费报销单，对和自己私人关系不错的人是随来随报，但对和自己有矛盾、私人关系较为疏远的人则以账面无款、库存无现金、整理账务等理由无故拖欠。

【业务 2】公司为获得一项工程，拟向工程发包的有关人员支付好处费 10 万元。公司市场部持公司董事长的批示到财务部领取该笔款项。财务部经理张某认为该项支出不符合有关规定，但考虑到公司主要领导已经做了同意的批示，遂同意拨付了该款项。

【业务 3】刘某在一家公司担任财务科科长，利用职务之便将公司的 20 万元自作主张借给了朋友用于新设公司，并收取了一定的好处费。

【业务 4】某公司会计人员陈某的朋友在一家私营企业任总经理，朋友让他帮忙提供他在工作中接触到的公司新产品研发计划及相关会计资料复印件，陈某顾及朋友的情分照做了，由此给公司造成了一定的损失。

（二）训练目标

能够根据业务提供的资料，甄别违背会计职业道德的内容。

（三）训练内容

请根据业务描述，判断其违背的会计职业道德内容，并将判断结果填入表 1–4 中。

表1–4

业务序号	违背的会计职业道德
【业务1】	
【业务2】	
【业务3】	
【业务4】	

德育园地

《关于加强会计人员诚信建设的指导意见》

2018 年 4 月 19 日，财政部发布了《关于加强会计人员诚信建设的指导意见》（财会〔2018〕9 号，以下简称《指导意见》）。《指导意见》明确了加强会计人员诚信建设的总体要求、增强会计人员诚信意识、加强会计人员信用档案建设、健全会计人员守信联合激励和失信联合惩戒机制以及强化组织实施等方面的内容。《指导意见》指出，要建立严重失信会计人员“黑名单”制度，将有提供虚假财务会计报告，做假账，隐匿或者故意销毁会计凭证、会计账簿、财务会计报告，贪污，挪用公款，职务侵占等与会计职务有关违法行为的会计人员，作为严重失信会计人员列入“黑名单”，纳入全国信用信息共享平台，依法通过“信用中国”网站等途径，向社会公开披露相关信息。

资料来源：https://baijiahao.baidu.com/s?id=1598265326972833430&wfr=spider&for=pc，有删改。

学习讨论

（1）分小组学习并讨论《关于加强会计人员诚信建设的指导意见》。

（2）登录“信用中国”网站，学习有关诚信文化。

思维导图

企业财务会计概述
初识企业财务会计
企业财务会计的概念
企业财务会计系统
会计确认
会计计量
会计记录
会计报告
企业财务会计核算和监督的内容
企业财务会计的目标
明确会计基本假设
会计主体
持续经营
会计分期
货币计量
掌握会计基础知识
权责发生制
收付实现制
明确会计信息质量要求
可靠性
相关性
可理解性
可比性
同一企业不同时期可比
不同企业相同会计期间可比
实质重于形式
重要性
谨慎性
及时性
遵守会计职业道德
爱岗敬业、诚实守信、廉洁自律、客观公正、坚持准则、提高技能、参与管理、强化服务

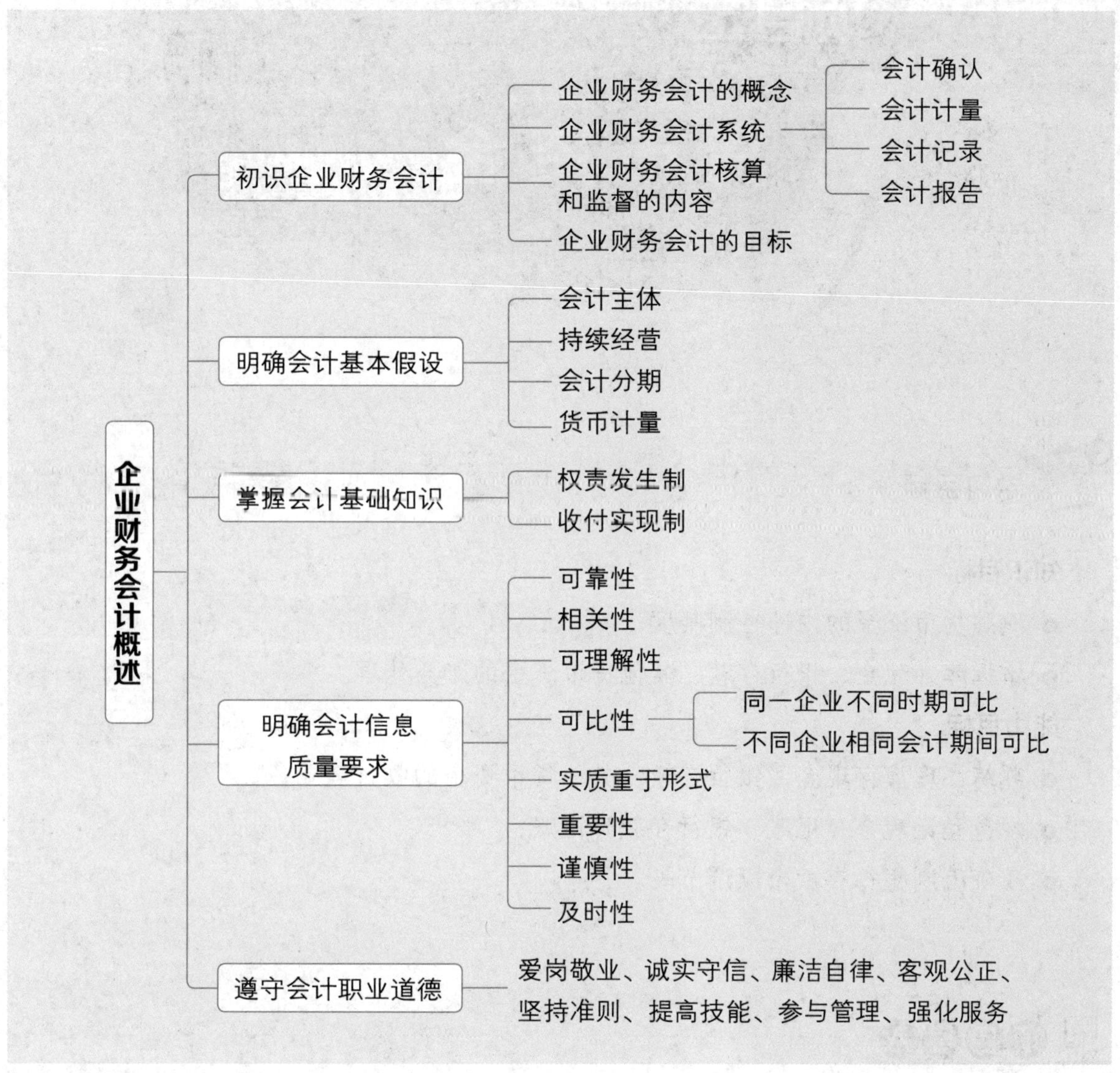

项目二 货币资金

学习目标

知识目标

- 熟悉货币资金的内部控制制度；
- 掌握库存现金、银行存款、其他货币资金的账务处理。

能力目标

- 熟练办理库存现金、银行存款、其他货币资金的收付款业务；
- 规范登记现金日记账、银行存款日记账；
- 正确编制银行存款余额调节表。

项目导入

通过项目一的学习，张泽对企业财务会计有了大致的了解，他明白了原来会计不是简单地记录流水账，而是根据一定的原理及假设条件进行核算。作为资产要素之一的货币资金，是企业流动性较强的资产。本项目主要学习货币资金的确认、计量和记录。

夯实基础知识

一、货币资金的概念

货币资金是指企业在生产经营过程中处于货币形态的资产，包括库存现金、银行存款和其他货币资金。

二、货币资金内部控制制度

货币资金是企业流动性较强的资产，是企业的重要支付手段和流通手段。因此，必须加强对货币资金的管理和控制，建立健全货币资金内部控制制度。

（一）严格职责分工

企业应当建立货币资金业务的岗位责任制，明确相关部门和岗位的职责权限，确保办理货币资金业务的不相容岗位相互分离、制约和监督。不相容岗位主要包括授权批准、业务经办、会计记录、财产保管、稽核检查等。不相容岗位应分别由不同的人员来担任，形成严密的内部牵制制度。

（二）实行交易分开

为防止将现金收入直接用于现金支出的坐支行为，必须实行交易分开原则，即将现金支出业务与现金收入业务分开处理。

（三）实施内部稽核

设置内部稽核单位和人员，建立内部稽核制度，以加强对货币资金管理的监督，及时发现货币资金管理中存在的问题并予以改进。

（四）实施定期轮岗制度

对涉及货币资金管理和控制的业务人员实施定期轮换岗位制度，以减少货币资金管理与控制中产生舞弊的可能性。

职业能力训练

一、职业分析能力训练

【分析思考】

某公司货币资金业务内部控制制度规定如下：

（1）财务专用章由专人保管，分管财务的总经理个人印章由其授权办公室主任梁某保管。

（2）对重要的货币资金支付业务，由分管财务的总经理亲自决策。

（3）现金收入及时存入银行，特殊情况下经公司领导班子集体研究批准后，方可坐支现金。

（4）银行存款余额调节表由出纳员李某负责定期编制。

要求：请在表 2–1 中指出公司货币资金内部控制制度上的缺陷，并简要说明理由。

表2–1

序　　号	缺　　陷	理　　由
（1）		
（2）		
（3）		
（4）		

二、职业实践能力训练

【企业调研】

调研中小企业货币资金内部控制管理的现状，针对以下问题开展调查，并撰写一篇简短的调研报告：

（1）企业是否有完善的货币资金内部控制制度？

（2）企业的库存现金是如何管理的？

（3）企业的银行存款是如何管理的？

（4）企业有哪些其他货币资金？

德育园地

货币资金是企业的重要支付手段和流通手段，由于货币资金流动性强，容易成为贪污挪用的对象。因此，加强货币资金的管理与控制，对企业具有十分重要的意义。

学习讨论

（1）查找资料，了解贪污罪与挪用公款罪的区别。

（2）讨论：如何做一名诚信守法的财务人员？

任务二 核算库存现金

夯实基础知识

一、库存现金的概念

库存现金是指留存于企业财会部门、由出纳人员经管的、用于日常零星开支的货币资金。

二、库存现金管理制度

（一）库存现金的使用范围

企业必须按照《现金管理暂行条例》中规定的范围使用现金，不属于现金开支范围的业务，一律通过银行办理转账结算。

根据《现金管理暂行条例》的规定，企业可以在下列范围内使用现金：

（1）职工工资、津贴。

（2）个人劳务报酬。

（3）根据国家规定颁发给个人的科学技术、文化艺术、体育等各种奖金。

（4）各种劳保、福利费用以及国家规定的对个人的其他支出。

（5）向个人收购农副产品和其他物资的价款。

（6）出差人员必须随身携带的差旅费。

（7）结算起点以下的零星支出。

（8）中国人民银行确定需要支付现金的其他支出。

注：上述（7）中的结算起点定为1 000元。结算起点的调整由中国人民银行确定，报国务院备案。

（二）库存现金的限额

库存现金的限额是指为了保证企业日常零星开支的需要，由开户银行核定的允许企业留存现金的最高数额。

企业应当加强库存现金限额的管理，在银行核定的库存现金限额内支付现金，超过限额的现金应及时存入银行。

开户银行应当根据实际需要，核定开户单位3～5天的日常零星开支所需的库存现金限额。边远地区和交通不便地区的开户单位的库存现金限额可以多于5天，但不得超过15天的日常零星开支。

（三）库存现金日常收支管理

微课
坐支

（1）企业应当加强库存现金的管理，明确收款、付款、记录等各个环节中出纳人员与相关人员的职责权限。

（2）企业现金收入应及时存入银行，不得用于直接支付单位自身的支出。因特殊情况需要坐支现金的，应事先报开户银行审查批准，由开户银行核定坐支范围和限额。

（3）单位从开户银行提取现金，应当写明用途，由本单位财会部门负责人签字盖章，经开户银行审核后，予以支付现金。

（4）企业应当设置库存现金总账和现金日记账，分别进行库存现金的总分类核算和明细分类核算，账目应当日清日结，账款相符。

三、核算库存现金应设置的会计科目

（一）“库存现金”科目

“库存现金”科目属于资产类科目，用来核算企业库存现金的收入、支出和结存情况。本科目应按币种进行明细分类核算。

（二）“待处理财产损溢”科目

“待处理财产损溢”科目属于资产类科目，用以核算企业在财产清查过程中查明的各种财产物资的盘盈、盘亏、毁损及其处理情况。本科目下设“待处理流动资产损溢”和“待处理非流动资产损溢”科目进行明细分类核算。

四、库存现金核算的内容

（一）库存现金的日常收付

1. 收入库存现金

企业因从银行提取现金、收回职工欠款、销售商品或材料等收入现金时，应借记“库存现金”科目，贷记“银行存款”“其他应收款”“其他应付款”“主营业务收入”“其他业务收入”“应交税费——应交增值税（销项税额）”等科目。

2. 支付库存现金

企业因将现金送存银行、报销费用等支付现金时，应借记“银行存款”“其他应收款”“管理费用”“销售费用”“其他应付款”等科目，贷记“库存现金”科目。

（二）库存现金的清查

1. 库存现金清查方法

为了保证现金的安全完整，企业应当对库存现金进行定期和不定期的清查。库存现金的清查是采用实地盘点法确定库存现金的实存数，然后与库存现金日记账的账面余额相核对，确定账实是否相符。

盘点结束后，应填制“库存现金盘点报告表”，对出现的现金盘盈或盘亏的情况，应及时查明原因，按规定的程序报批处理。如果有挪用现金、白条抵库的情况，应及时予以纠正；对于超限额留存的现金，应及时送存银行。

2. 库存现金清查的账务处理

（1）库存现金盘盈。库存现金盘盈是指库存现金的实存数大于账面结存数。

① 库存现金盘盈时，应及时办理库存现金的入账手续，调整库存现金账簿记录，借记“库存现金”科目，贷记“待处理财产损溢——待处理流动资产损溢”科目。

② 对于盘盈的库存现金，应及时查明原因，按管理权限报经批准处理，借记“待处理财产损溢——待处理流动资产损溢”科目，贷记“其他应付款”“营业外收入”等科目。

（2）库存现金盘亏。库存现金盘亏是指库存现金的实存数小于账面结存数。

① 库存现金盘亏时，应及时办理盘亏的确认手续，调整库存现金账簿记录，借记“待处理财产损溢——待处理流动资产损溢”科目，贷记“库存现金”科目。

② 对于盘亏的库存现金，应及时查明原因，按管理权限报经批准处理，借记“其他应收款”“管理费用”等科目，贷记“待处理财产损溢——待处理流动资产损溢”科目。

职业能力训练

一、职业分析能力训练

【分析思考】

客户持现金900元交到财务部门，出纳收款后未将款项交存银行，而是直接用这笔款项购买办公用品，此项行为是否符合现金管理有关规定?

____

____

二、职业实践能力训练

（一）业务描述

【业务1】6月1日，从银行提取现金1 000元备用。

【业务2】6月2日，出售材料，开具的增值税专用发票上注明的价款为200元，增值税税额为26元，收取现金226元。

【业务3】6月5日，采购员出差预借差旅费500元，以现金付讫。

【业务4】6月8日，报销管理部门办公用品费，收到的增值税专用发票上注明的价款为100元，增值税税额为13元，以现金付讫。

【业务5】6月10日，将出售材料的现金226元送存银行。

【业务6】6月10日，职工交回欠款150元。

【业务7】6月10日，在财产清查中，查明现金实存金额1 000元，经过账实核对，发现现金盘亏。

【业务8】6月10日，经查，上述盘亏现金系出纳员失职造成，应由其赔偿。

（二）训练目标

能够根据发生的经济业务，熟练地进行库存现金的账务处理。

（三）训练内容

1. 请对表2-2中的账户进行解析。

表2-2

账户名称	类　别	借　方	贷　方	余　额	明细核算
库存现金					
待处理财产损溢					

2. 请根据业务描述，在表 2-3 中编写各业务的会计分录。

表2-3

业务序号	会计分录
【业务1】	
【业务2】	
【业务3】	
【业务4】	
【业务5】	
【业务6】	
【业务7】	
【业务8】	

3. 根据表 2-3 中完成的会计分录，在表 2-4 中登记现金日记账。

表2-4 现金日记账

2021年		凭证号	摘要	借方								贷方								借或贷	余额									
月	日			十	万	千	百	十	元	角	分	十	万	千	百	十	元	角	分		千	百	十	万	千	百	十	元	角	分
6	1		期初余额																	借						6	0	0	0	0

任务三 核算银行存款

夯实基础知识

一、银行存款的概念

银行存款是指企业存放在银行或其他金融机构的货币资金。

二、银行存款管理制度

（一）银行结算账户

企业应当根据业务需要，按照规定在银行开立账户，办理存款、取款和转账结算。企业在银行开立的账户可分为基本存款账户、一般存款账户、专用存款账户和临时存款账户四种。

1. 基本存款账户

（1）基本存款账户的概念。基本存款账户是指存款人因办理日常转账结算和现金收付需要开立的银行结算账户。

（2）基本存款账户的使用。基本存款账户是存款人的主办账户，一个单位只能开立一个基本存款账户。存款人日常经营活动的资金收付及其工资、奖金和现金的支取，应通过基本存款账户办理。

2. 一般存款账户

（1）一般存款账户的概念。一般存款账户是指存款人因借款或其他结算需要，在基本存款账户开户银行以外的银行营业机构开立的银行结算账户。

（2）一般存款账户的使用。一般存款账户用于办理存款人借款转存、借款归还和其他结算的资金收付。一般存款账户可以办理现金缴存，但不得办理现金支取。

3. 专用存款账户

（1）专用存款账户的概念。专用存款账户是指存款人按照法律、行政法规和规章的规定，对其特定用途资金进行专项管理和使用而开立的银行结算账户。

（2）专用存款账户的使用。专用存款账户用于办理各项专用资金的收付。例如，粮、棉、油的收购资金，社会保障基金，住房基金和党、团、工会经费等专用存款账户支取现金应按照国家现金管理的规定办理。

4. 临时存款账户

（1）临时存款账户的概念。临时存款账户是指存款人因临时需要并在规定期限内使用而开立的银行结算账户。

（2）临时存款账户的使用。临时存款账户用于办理临时机构以及存款人临时经营活动发生的资金收付。临时存款账户应根据有关开户证明文件确定的期限或存款人的需要确定其有效期限，最长不得超过2年。

（二）银行结算方式

1. 支票

微课 如何填写现金支票

支票是指由出票人签发的、委托办理支票存款业务的银行在见票时无条件支付确定的金额给收款人或者持票人的票据。支票分为现金支票、转账支票和普通支票三种。现金支票只能用于支取现金，转账支票只能用于转账。支票上未印有“现金”或“转账”字样的为普通支票，普通支票可以用于支取现金，也可以用于转账。普通支票左上角划两条平行线的，为划线支票。划线支票只能用于转账，不得支取现金。

单位和个人在同一票据交换区域的各种款项结算，均可以使用支票。

2. 汇兑

汇兑是汇款人委托银行将其款项支付给收款人的结算方式。汇兑分为信汇、电汇两种，单位和个人的各种款项的结算，均可使用汇兑结算方式。

（三）银行结算纪律

企业应当严格遵守银行结算纪律，不准签发没有资金保证的票据或远期支票套取银行信用；不准签发、取得和转让没有真实交易和债权债务的票据，套取银行和他人资金；不准无理由拒绝付款，任意占用他人资金；不准违反规定开立和使用银行账户。

三、核算银行存款应设置的会计科目

核算银行存款应设置“银行存款”科目。“银行存款”科目属于资产类科目，用以核算企业银行存款的收入、支出和结存情况，可按照开户银行、存款种类等进行明细分类核算。

四、银行存款核算的内容

（一）银行存款的日常收付

1. 收入银行存款

企业因将库存现金送存银行、收回货款、销售商品等收入银行存款时，应借记“银行存款”科目，贷记“库存现金”“其他应收款”“应收账款”“应收票据”“主营业务收入”“其他业务收入”“应交税费——应交增值税（销项税额）”等科目。

2. 支付银行存款

企业因从银行提取现金、购买材料、报销费用、发放职工薪酬等支付银行存款时，应借记“库存现金”“原材料”“固定资产”“管理费用”“销售费用”“其他应付款”“应付职工薪酬”等科目，贷记“银行存款”科目。

（二）银行存款的清查

1. 银行存款的清查方法

银行存款的清查方法是将企业银行存款日记账的账簿记录与开户银行转来的对账单逐笔核对，查明银行存款的实有数额。银行存款的清查一般在月末进行。

2. 银行存款清查结果的处理

企业银行存款日记账与银行对账单逐笔核对后，如果二者余额相符，通常说明没有错误。如果二者余额不相符，则可能是企业或银行一方或双方在记账过程中有错误或者存在未达账项。

未达账项是指企业和银行之间，由于记账时间不一致而发生的一方已经入账，而另一方尚未入账的事项。所以，在与银行对账时，首先应查明是否存在未达账项，如果存在未达账项，应编制银行存款余额调节表（见表2-5），确定企业银行存款的实有数。如果有错账，应及时更正。

表2-5 银行存款余额调节表

年 月 日 单位：元

项 目	金 额	项 目	金 额
企业银行存款日记账余额		银行对账单余额	
加：银行已收款，企业未收款		加：企业已收款，银行未收款	
减：银行已付款，企业未付款		减：企业已付款，银行未付款	
调节后的存款余额		调节后的存款余额	

职业能力训练

一、职业分析能力训练

【分析思考】

1. 银行存款余额调节表能作为记账的依据吗？

____

____

2.［多项选择题］编制银行存款余额调节表时，下列未达账项中，会导致企业银行存款日记账的账面余额小于银行对账单余额的有（　　）。

A. 企业开出支票，银行尚未支付

B. 企业送存支票，银行尚未入账

C. 银行代收款项，企业尚未接到收款通知

D. 银行代付款项，企业尚未接到付款通知

二、职业实践能力训练

（一）业务描述

【业务 1】6 月 3 日，收到支票 1 张，系客户归还前欠的货款 8 000 元。

【业务 2】6 月 5 日，用银行存款支付管理部门电话费 424 元（含税价，增值税税率为 6%）。

【业务 3】6 月 22 日，购入不需要安装的设备 1 台，增值税专用发票上注明的价款为 100 000 元，增值税税额为 13 000 元。开出支票支付款项。

【业务 4】6 月 24 日，销售产品一批，增值税专用发票上注明的价款为 200 000 元，增值税税额为 26 000 元。款项银行已收妥。

【业务 5】6 月 30 日，企业银行存款日记账余额为 31 250 元，银行对账单上企业存款余额为 36 500 元，通过分析，发现下列内容：

（1）29 日，企业销售产品，收到转账支票 1 张计 2 000 元，将支票存入银行并已登记入账，银行尚未办理入账手续。

（2）29 日，企业采购原材料，开出转账支票 1 张计 1 000 元，并已登记入账，银行尚未收到支票而未入账。

（3）30 日，银行代企业收回货款 8 000 元，收款通知尚未到达企业，企业尚

未入账。

（4）30 日，银行代付电费 1 750 元，付款通知尚未到达企业，企业尚未入账。

（二）训练目标

能够根据发生的经济业务，熟练地进行银行存款的账务处理。

（三）训练内容

1. 请对表 2-6 中的账户进行解析。

表2-6

账户名称	类　别	借　方	贷　方	余　额	明细核算
银行存款					

2. 请根据业务 1 至业务 4 在表 2-7 中编写会计分录。

表2-7

业务序号	会计分录
【业务1】	
【业务2】	
【业务3】	
【业务4】	

3. 根据表 2-7 中完成的会计分录在表 2-8 中登记银行存款日记账。

表2-8　银行存款日记账

2021年		凭证号	摘要	借方								贷方								借或贷	余额									
月	日			十	万	千	百	十	元	角	分	十	万	千	百	十	元	角	分		千	百	十	万	千	百	十	元	角	分
6	1		期初余额																	借			3	3	0	0	0	0	0	0

4. 根据业务 5 完成如下要求：

（1）分析业务 5 中为什么会出现银行存款日记账与银行对账单月末余额不相符的情况。

（2）编制银行存款余额调节表（见表 2-9）。

（3）说明企业在 6 月末可以动用的银行存款的数额。

表2-9　银行存款余额调节表

年　月　日　　　　　　　　单位：元

项　目	金　额	项　目	金　额
企业银行存款日记账余额		银行对账单余额	
加：银行已收款，企业未收款		加：企业已收款，银行未收款	
减：银行已付款，企业未付款		减：企业已付款，银行未付款	
调节后的存款余额		调节后的存款余额	

财经知识拓展

【资料】

企业银行结算账户与个人银行账户的风险防范。

【风险防范常识】

（1）存款人不要出租、出借银行结算账户，避免被不法分子利用从事洗钱等违法犯罪活动。

（2）对长期不使用的银行结算账户应及时清理，确认今后不再使用的银行账户应及时到银行做销户处理，避免造成资金损失。

（3）妥善保管个人身份证件、企业营业执照或单位证明文件，防止个人身份信息泄露被不法分子利用。

【风险提示】

（1）切勿把自己的身份证件、银行卡等转借他人使用。

（2）在日常生活中切勿向他人透露个人金融信息、财产状况等基本信息，也不要随意在网络上留下个人金融信息。

（3）尽量亲自办理金融业务，切勿委托不熟悉的人或中介代办，谨防个人信息被盗。

（4）提供个人身份证复印件办理各类业务时，应在复印件上注明使用用途。例如，“仅供申报××信用卡用”，以防身份证复印件被移作他用。

（5）不要随意丢弃刷卡签购单、取款凭条、信用卡对账单等，对写错、作废的金融业务单据，应撕碎或用碎纸机及时销毁，不可随意丢弃，以防不法分子捡拾后查看、抄录、破译个人金融信息。

（6）不要轻信来历不明的电话号码、手机短信和邮件。警惕向您询问个人金融信息的电话及电子邮件。在任何情况下，法院、警方都不会要求您告知银行账户、卡号、密码或向来历不明的账户转账，如遇到此类情况，应予以拒绝，必要时立即报警。

资料来源：中国人民银行官网《金融知识普及读本》。

【小组讨论】

生活中有哪些常见的金融风险？如何防范金融风险？

夯实基础知识

一、其他货币资金的概念

其他货币资金是指除库存现金、银行存款以外的其他各种货币资金，主要包括银行汇票存款、银行本票存款、信用卡存款、信用证保证金存款、存出投资款和外埠存款等。

二、核算其他货币资金应设置的会计科目

对其他货币资金进行核算时应设置“其他货币资金”科目。“其他货币资金”科目属于资产类科目，用以核算企业其他货币资金的收入、支出和结存情况。本科目应当按照银行汇票存款、银行本票存款、信用卡存款、信用证保证金存款、存出投资款、外埠存款等进行明细分类核算。

三、其他货币资金核算的内容

（一）银行汇票

1. 银行汇票的概念

银行汇票是出票银行签发的，由其在见票时按照实际结算金额无条件支付给收款人或者持票人的票据。

2. 银行汇票的适用范围

单位和个人在异地、同城或同一票据交换区域的各种款项结算，均可使用银行汇票。

3. 银行汇票的账务处理

（1）申请人将款项交存银行，填写“银行汇票申请书”，向银行申请签发银行汇票。出票银行受理“银行汇票申请书”，收妥款项后签发银行汇票，并将银行汇票和解讫通知一并交给申请人。申请人取得银行汇票，应借记“其他货币资金——银行汇票存款”科目，贷记“银行存款”科目。

（2）申请人将银行汇票和解讫通知一并交付给汇票上记明的收款人。申请人用银行汇票购买材料物资时，应借记“原材料”“在途物资”“应交税费——应交增值税（进项税额）”等科目，贷记“其他货币资金——银行汇票存款”科目。

（3）收款人受理申请人交付的银行汇票时，应在出票金额以内，根据实际需要的款项办理结算，并将实际结算金额和多余金额准确、清晰地填入银行汇票和解讫通知的有关栏内，到银行办理款项入账手续。申请人收到银行汇票多余款项退回时，应借记“银行存款”科目，贷记“其他货币资金——银行汇票存款”科目。

（二）银行本票

1. 银行本票的概念

银行本票是指出票人签发的，承诺自己在见票时无条件支付确定的金额给收款人或者持票人的票据。

2. 银行本票的适用范围

单位和个人在同一票据交换区域需要支付的各种款项，均可以使用银行本票。

3. 银行本票的账务处理

（1）申请人将款项交存银行，填写“银行本票申请书”，向银行申请签发银行本票。出票银行受理“银行本票申请书”，收妥款项，签发银行本票交给申请人。申请人取得银行本票，应借记“其他货币资金——银行本票存款”科目，贷记“银行存款”科目。

（2）申请人将银行本票交付给本票上记明的收款人。申请人用银行本票购买材料物资或办公用品时，应借记“原材料”“管理费用”“应交税费——应交增值税（进项税额）”等科目，贷记“其他货币资金——银行本票存款”科目。

（3）收款人受理申请人交付的银行本票，到银行办理款项入账手续。申请人收到银行本票多余款项退回时，应借记“银行存款”科目，贷记“其他货币资金——银行本票存款”科目。

（三）信用卡存款

1. 信用卡存款的概念

信用卡存款是指企业为取得信用卡而存入银行信用卡专户的款项。

2. 信用卡存款的适用范围

凡是在中国境内金融机构开立基本存款账户的单位可申领单位卡。单位卡账户的资金一律从其基本存款账户转账存入，不得交存现金。持卡人可持信用卡在特约单位购物、消费，但单位卡不得用于10万元以上的商品交易、劳务供应款项的结算，不得支取现金。

3. 信用卡存款的账务处理

（1）将款项交存银行，向银行申请信用卡。借记“其他货币资金——信用卡存款”科目，贷记“银行存款”科目。

（2）使用信用卡购物或消费。借记“原材料”“管理费用”“应交税费——应交增值税（进项税额）”等科目，贷记“其他货币资金——信用卡存款”科目。

（四）信用证保证金存款

1. 信用证保证金存款的概念

信用证保证金存款是指采用信用证结算方式的企业为开具信用证而存入银行信用证保证金专户的款项。

2. 信用证保证金存款的适用范围

信用证的开立和转让应当具有真实的贸易背景，适用于银行为国内企事业单位之间货物和服务贸易提供的结算服务，信用证只限于转账结算，不得支取现金。

3. 信用证保证金存款的账务处理

（1）将款项交存银行，向银行申请信用证。借记“其他货币资金——信用证保证金存款”科目，贷记“银行存款”科目。

（2）使用信用证保证金支付货款。借记“原材料”“应交税费——应交增值税（进项税额）”等科目，贷记“其他货币资金——信用证保证金存款”科目。

（3）多余款退回处理。借记“银行存款”科目，贷记“其他货币资金——信用证保证金存款”科目。

（五）存出投资款

1. 存出投资款的概念

存出投资款是指企业为购买股票、债券、基金等根据有关规定存入证券公司指定银行开立的投资款专户的款项。

2. 存出投资款的账务处理

（1）向证券公司划出资金。借记“其他货币资金——存出投资款”科目，贷记“银行存款”科目。

（2）购买股票、债券等。借记“交易性金融资产”“投资收益”等科目，贷记“其他货币资金——存出投资款”科目。

（六）外埠存款

微课
外埠存款

1. 外埠存款的概念

外埠存款是指企业为了到外地进行临时或零星采购而汇往采购地银行开立采购专户的款项。

2. 外埠存款的账务处理

（1）汇出款项，设立采购专户。借记“其他货币资金——外埠存款”科目，贷记“银行存款”科目。

（2）用外埠存款支付采购货款。借记“原材料”“应交税费——应交增值税（进项税额）”等科目，贷记“其他货币资金——外埠存款”科目。

（3）将多余存款转回当地银行。借记“银行存款”科目，贷记“其他货币资金——外埠存款”科目。

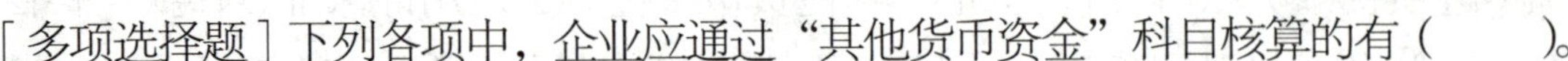

职业能力训练

一、职业分析能力训练

【分析思考】

[多项选择题]下列各项中，企业应通过“其他货币资金”科目核算的有（　　）。

A. 用银行本票支付采购办公用品的款项

B. 存入证券公司指定账户的款项

C. 汇往异地银行开立采购专户的款项

D. 存入银行信用证保证金专户的款项

二、职业实践能力训练

（一）银行汇票实践能力训练

1. 业务描述

【业务 1】到银行申请办理 50 000 元银行汇票。

【业务 2】接【业务 1】，使用银行汇票购买材料，增值税专用发票上注明的价款为 43 000 元，增值税税额为 5 590 元，材料已验收入库。

【业务 3】接【业务 1】和【业务 2】，收到开户银行转回的多余款。

【业务 4】销售商品一批，增值税专用发票上注明的价款为 10 000 元，增值税税额为 1 300 元，收到银行汇票，已到银行办理收款手续。

2. 训练目标

能够根据发生的经济业务，熟练地进行银行汇票的账务处理。

3. 训练内容

（1）请对表 2-10 中的账户进行解析。

表2-10

账户名称	类　别	借　方	贷　方	余　额
其他货币资金——银行汇票存款				

（2）请根据业务描述在表 2-11 中编写会计分录。

表2-11

业务序号	会计分录
【业务1】	
【业务2】	
【业务3】	
【业务4】	

（二）银行本票实践能力训练

1. 业务描述

【业务1】到银行申请办理 3 000 元银行本票。

【业务2】接【业务1】，使用银行本票购买办公用品 3 000 元（含税价，增值税税率为 13%）。

【业务3】销售商品一批，增值税专用发票上注明的价款为 10 000 元，增值税税额为 1 300 元，收到银行本票，已到银行办理收款手续。

2. 训练目标

能够根据发生的经济业务，熟练地进行银行本票的账务处理。

3. 训练内容

（1）请对表 2-12 中的账户进行解析。

表2-12

账户名称	类 别	借 方	贷 方	余 额
其他货币资金——银行本票存款				

（2）请根据业务描述在表 2-13 中编写会计分录。

表2-13

业务序号	会计分录
【业务1】	
【业务2】	
【业务3】	

（三）信用卡存款实践能力训练

1. 业务描述

【业务 1】到银行申请办理信用卡存款 50 000 元。

【业务 2】接【业务 1】，用信用卡存款支付电话费，增值税专用发票上注明的价款为 2 000 元，增值税税额为 180 元。

2. 训练目标

能够根据发生的经济业务，熟练地进行信用卡存款的账务处理。

3. 训练内容

（1）请对表 2-14 中的账户进行解析。

表2-14

账户名称	类　别	借　方	贷　方	余　额
其他货币资金——信用卡存款				

（2）请根据业务描述在表 2-15 中编写会计分录。

表2-15

业务序号	会计分录
【业务1】	
【业务2】	

（四）信用证保证金存款实践能力训练

1. 业务描述

【业务1】到银行申请办理信用证保证金存款200 000元。

【业务2】接【业务1】，使用信用证保证金存款购买材料，增值税专用发票上注明的价款为150 000元，增值税税额为19 500元。材料已验收入库。

【业务3】接【业务1】和【业务2】，收到开户银行转回的多余款。

2. 训练目标

能够根据发生的经济业务，熟练地进行信用证保证金存款的账务处理。

3. 训练内容

（1）请对表2-16中的账户进行解析。

表2-16

账户名称	类　别	借　方	贷　方	余　额
其他货币资金——信用证保证金存款				

（2）请根据业务描述在表2-17中编写会计分录。

表2-17

业务序号	会计分录
【业务1】	

续表

业务序号	会计分录
【业务2】	
【业务3】	

（五）存出投资款实践能力训练

1. 业务描述

【业务1】某公司将1 000 000元资金存入证券交易所指定账户。

【业务2】接【业务1】，用存出投资款购买股票500 000元，另支付相关交易费用1 250元，取得的增值税专用发票上注明的增值税税额为75元。公司将其划分为交易性金融资产进行管理和核算。

2. 训练目标

能够根据发生的经济业务，熟练地进行存出投资款的账务处理。

3. 训练内容

（1）请对表2–18中的账户进行解析。

表2–18

账户名称	类　别	借　方	贷　方	余　额
其他货币资金——存出投资款				

（2）请根据业务描述在表2–19中编写会计分录。

表2–19

业务序号	会计分录
【业务1】	

续表

业务序号	会计分录
【业务2】	

（六）外埠存款实践能力训练

1. 业务描述

【业务1】委托银行开立10 000元外埠采购专户。

【业务2】接【业务1】，用外埠存款购买材料一批，增值税专用发票上注明的价款为8 000元，增值税税额为1 040元，材料已验收入库。

【业务3】接【业务1】和【业务2】，该采购专户中的结余款已转回。

2. 训练目标

能够根据发生的经济业务，熟练地进行外埠存款的账务处理。

3. 训练内容

（1）请对表2-20中的账户进行解析。

表2-20

账户名称	类　　别	借　　方	贷　　方	余　　额
其他货币资金——外埠存款				

（2）请根据业务描述在表2-21中编写会计分录。

表2-21

业务序号	会计分录
【业务1】	
【业务2】	

续表

业务序号	会计分录
【业务3】	

思维导图

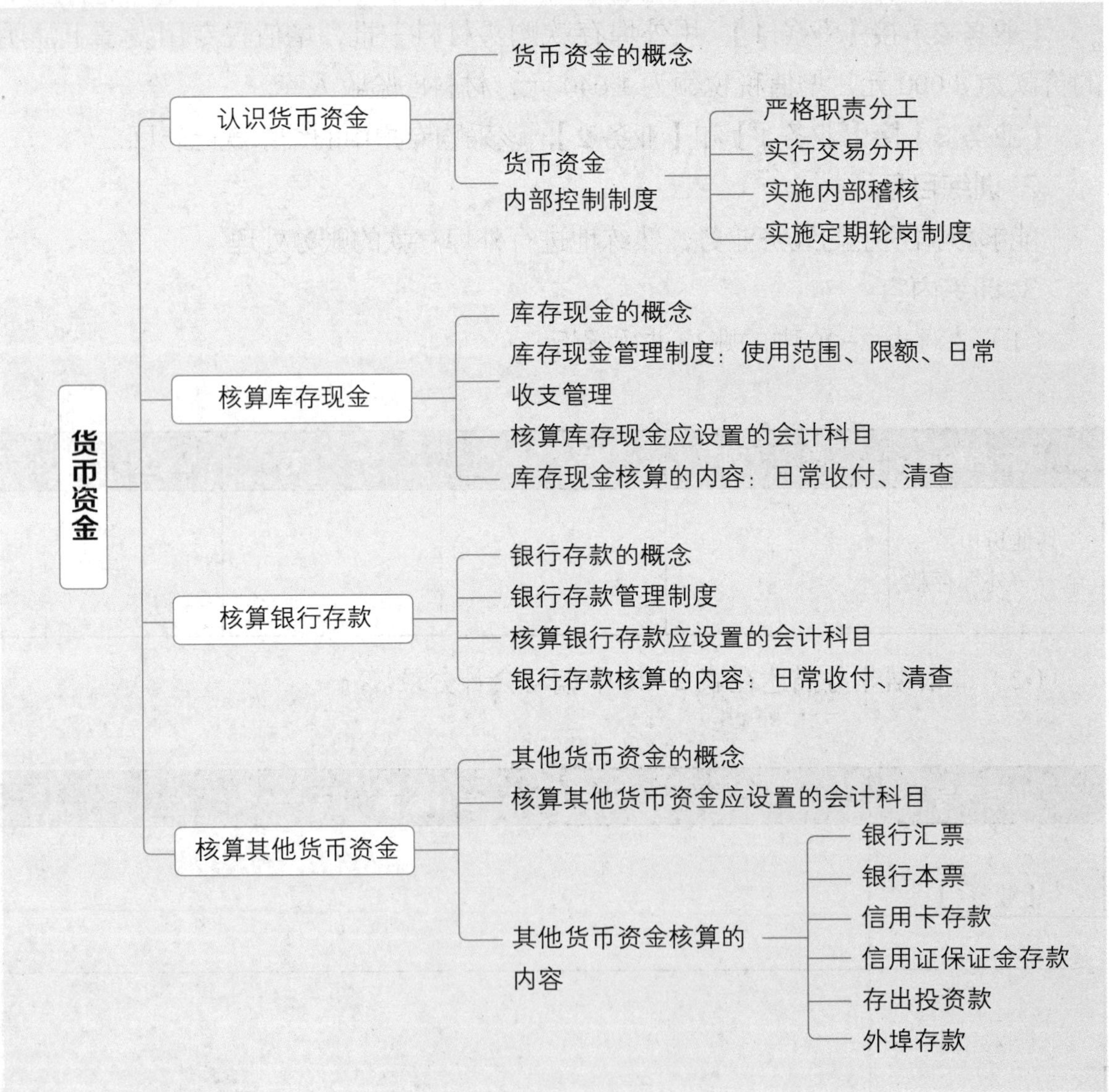

- 货币资金
  - 认识货币资金
    - 货币资金的概念
    - 货币资金内部控制制度
      - 严格职责分工
      - 实行交易分开
      - 实施内部稽核
      - 实施定期轮岗制度
  - 核算库存现金
    - 库存现金的概念
    - 库存现金管理制度：使用范围、限额、日常收支管理
    - 核算库存现金应设置的会计科目
    - 库存现金核算的内容：日常收付、清查
  - 核算银行存款
    - 银行存款的概念
    - 银行存款管理制度
    - 核算银行存款应设置的会计科目
    - 银行存款核算的内容：日常收付、清查
  - 核算其他货币资金
    - 其他货币资金的概念
    - 核算其他货币资金应设置的会计科目
    - 其他货币资金核算的内容
      - 银行汇票
      - 银行本票
      - 信用卡存款
      - 信用证保证金存款
      - 存出投资款
      - 外埠存款

项目三 应收和预付款项

学习目标

知识目标

- 掌握应收票据、应收账款、预付账款、其他应收款的核算；
- 掌握应收款项减值的核算。

能力目标

- 能够熟练地进行应收票据、应收账款、其他应收款的取得、款项收回的账务处理；
- 能够熟练地进行预付账款业务的账务处理；
- 会确认应收款项的减值，并进行相应的账务处理。

项目导入

有时商品已经销售出去了，但不一定立即就能收到货款，这时候我们应如何处理？

企业在生产经营过程中难免会发生应收款项，应收和预付款项是企业风险很高的资产。本项目主要学习资产要素中应收及预付款项的确认、计量和记录。

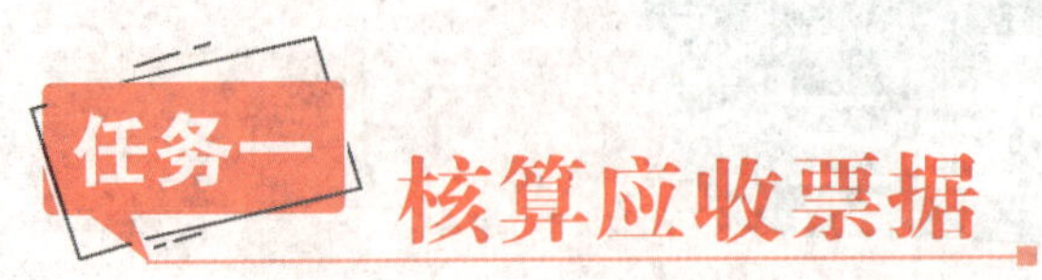

任务一 核算应收票据

夯实基础知识

一、应收票据相关知识

（一）应收票据的概念

应收票据是指企业在采用商业汇票结算方式下，因销售商品、提供服务等而收到的商业汇票。

（二）商业汇票的概念、种类和适用范围

1. 商业汇票的概念

商业汇票是出票人签发的，委托付款人在指定日期无条件支付确定的金额给收款人或者持票人的票据。

2. 商业汇票的种类

商业汇票按照承兑人的不同，分为商业承兑汇票和银行承兑汇票。商业承兑汇票由银行以外的付款人承兑，银行承兑汇票由银行承兑。

3. 商业汇票的适用范围

在银行开立存款账户的法人及其他组织之间的结算，才能使用商业汇票。

二、核算应收票据应设置的会计科目

核算应收票据时应设置“应收票据”科目。“应收票据”科目属于资产类科目，用以核算企业应收票据的取得、票款收回等情况。本科目可按照开出、承兑商业汇票的单位进行明细分类核算，并设置应收票据备查簿，逐笔登记商业汇票的种类，号数和出票日，票面金额，交易合同号，付款人、承兑人、背书人的姓名或单位名称，到期日，背书转让日，贴现日，贴现率和贴现净额，以及收款日和收回金额、退票情况等资料。商业汇票到期结清票款或退票后，在备查簿中应予以注销。

三、应收票据核算的内容

1. 取得商业汇票

商业承兑汇票可以由付款人签发并承兑，也可以由收款人签发交由付款人承兑。银行承兑汇票应由在承兑银行开立存款账户的存款人签发。

因销售商品、材料以及提供服务等取得商业汇票，应借记“应收票据”科目，贷记“主营业务收入”“其他业务收入”“应交税费——应交增值税（销项税额）”等科目。

因债务人抵偿前欠货款而取得商业汇票，应借记“应收票据”科目，贷记“应收账款”科目。

2. 商业汇票到期

纸质商业汇票的付款期限，最长不得超过6个月。电子承兑汇票期限自出票日至到期日不超过1年。

商业汇票到期，应按能否按时收回票款分别进行处理。如果能收回票款，应借记“银行存款”科目，贷记“应收票据”科目；如果不能收回票款，应借记“应收账款”科目，贷记“应收票据”科目。

3. 商业汇票的背书转让

在会计实务中，企业可以将自己持有的商业汇票背书转让。背书是指票据的持有人在票据转让时，在票据背面记载有关事项并签章的行为。用持有的商业汇票背书转让购买材料物资时，应借记“原材料”“应交税费——应交增值税（进项税额）”等科目，贷记“应收票据”等科目。

4. 商业汇票的贴现

（1）贴现的概念。贴现是指票据持票人在票据未到期前为获得现金向银行贴付一定利息而发生的票据转让行为。

微课
票据的贴现

（2）贴现利息的计算。贴现的期限从其贴现之日起至汇票到期日止。实付贴现金额按票面金额扣除贴现日至汇票到期前一日的利息计算。承兑人在异地的纸质商业汇票，贴现的期限及贴现利息的计算应另加3日的划款日期。其具体计算公式为

贴现利息＝票据到期值 × 贴现率 × 贴现期

实付贴现金额＝票据到期值－贴现利息

（3）贴现的账务处理。企业实际收到贴现金额时，应借记“银行存款”“财务费用”科目，贷记“应收票据”等科目。

职业能力训练

一、职业分析能力训练

【分析思考】

1. 商业承兑汇票和银行承兑汇票，对于销售单位来说哪种结算方式的风险更小？

____

____

2. 为什么支票、银行本票、银行汇票不作为应收票据核算？

____

____

3.［单项选择题］下列各项中，应记入“应收票据”科目借方的是（　　）。

A. 提供服务收到的商业承兑汇票

B. 提供服务收到的银行本票

C. 销售商品收到的银行汇票

D. 销售原材料收到的转账支票

二、职业实践能力训练

（一）业务描述

【业务 1】3 月 1 日，销售商品一批，增值税专用发票上注明的价款为 5 000 元，增值税税额为 650 元，共计 5 650 元，对方开出为期 3 个月的商业承兑汇票 1 张。

【业务 2】接【业务 1】，票据到期，收到款项。

【业务 3】接【业务 1】，票据到期，未收到款项。

【业务 4】接【业务 1】，3 月 15 日，将持有的商业承兑汇票进行背书转让，用以购买材料，价款 5 100 元，增值税税额为 663 元，共计 5 763 元，材料已入库。余款签发 1 张转账支票付讫（材料按实际成本核算）。

【业务 5】原向 A 公司销售产品应收的款项为 11 300 元，经双方协商，重新签订补充协议，约定采用商业承兑汇票方式结算，并收到为期 2 个月的银行承兑汇票 1 张。

【业务 6】4 月 5 日，持面值为 300 000 元的不带息商业承兑汇票 1 张，向银行申请贴现，该汇票到期日为 5 月 10 日，年贴现率为 6%。

（二）训练目标

能够根据发生的经济业务，熟练地进行应收票据的账务处理。

（三）训练内容

1. 请对表 3–1 中的账户进行解析。

表3–1

账户名称	类别	借方	贷方	余额	明细核算
应收票据					

2. 请根据业务 6 提供的数据在表 3–2 中计算贴现利息和实付贴现金额。

表3–2

业务序号	计算
【业务6】	贴现利息＝ 实付贴现金额＝

3. 请根据业务描述在表 3–3 中编写各业务的会计分录。

表3–3

业务序号	会计分录
【业务1】	
【业务2】	
【业务3】	
【业务4】	

续表

业务序号	会计分录
【业务5】	
【业务6】	

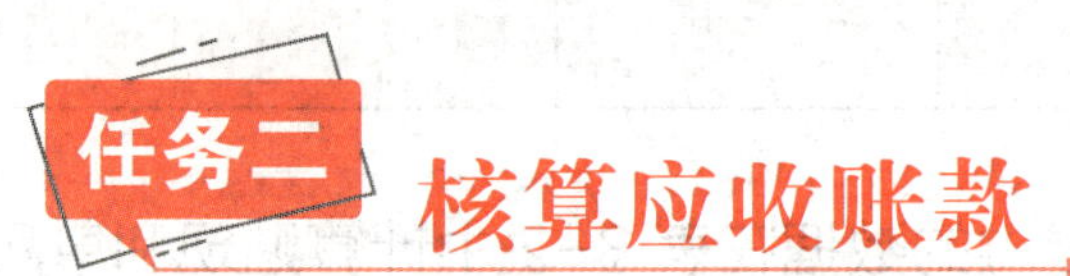

任务二 核算应收账款

夯实基础知识

一、应收账款的概念

应收账款是指企业因销售商品、提供服务等经营活动，应向购货单位或接受服务的单位收取的款项，包括应收取的价款、税款和代垫款等。

二、核算应收账款应设置的会计科目

核算应收账款应设置“应收账款”科目。“应收账款”科目属于资产类科目，用以核算企业应收账款的增减变动及其结存情况。本科目应按照不同的债务人进行明细分类核算。

三、应收账款核算的内容

1. 取得应收账款

企业因销售商品、材料或提供服务等取得应收账款时，应借记“应收账款”科目，贷记“主营业务收入”“其他业务收入”“应交税费——应交增值税（销项税额）”“银行存款”等科目。商业汇票到期，如果不能收回票款，应借记“应收账款”科目，贷记“应收票据”科目。

2. 收回应收账款

企业收回应收账款时，应借记“银行存款”科目，贷记“应收账款”科目。

企业收到债务人抵偿前欠货款的商业汇票，应借记“应收票据”科目，贷记“应收账款”科目。

职业能力训练

一、职业分析能力训练

【分析思考】

1. 为什么说应收账款是企业风险很高的资产？

______

______

2. 如果应收账款期末余额在贷方，表示什么含义？

______

______

二、职业实践能力训练

（一）业务描述

【业务1】甲公司向乙公司赊销原材料一批，增值税专用发票上注明的价款为5 000元，增值税税额为650元。

【业务2】接【业务1】，甲公司收到乙公司前欠的销货款5 650元，存入银行。

【业务3】销售商品一批，增值税专用发票上注明的货款为34 000元，增值税税额为4 420元。以银行存款代垫运费600元。款项尚未收到。

（二）训练目标

能够根据发生的经济业务，熟练地进行应收账款的账务处理。

（三）训练内容

1. 请对表3-4中的账户进行解析。

表3-4

账户名称	类别	借方	贷方	余额	明细核算
应收账款					

2. 请根据业务描述在表 3–5 中编写各业务的会计分录。

表3–5

业务序号	会计分录
【业务1】	
【业务2】	
【业务3】	

财经知识拓展

【企业调研】

调研企业的应收账款，针对以下问题开展调查，并写出简短的调研报告：

（1）企业产生应收账款的原因是什么？

（2）企业在应收账款管理中存在哪些问题？

（3）企业应如何加强应收账款管理，有效防范风险？

核算预付账款

夯实基础知识

一、预付账款的概念

微课
预付账款

预付账款是指企业按照合同约定预先支付的款项，如预付的材料、商品采购款等。

二、核算预付账款应设置的会计科目

核算预付账款应设置“预付账款”科目。“预付账款”科目属于资产类科目，用以核算企业预付账款的增减变动及结存情况。本科目可按供货单位进行明细分类核算。

预付款项业务不多的企业，可以不单独设置“预付账款”科目，将预付的款项直接记入“应付账款”科目。

三、预付账款核算的内容

1. 预付货款

企业按照合同约定预付货款时，应借记“预付账款”科目，贷记“银行存款”科目。

2. 收到采购的物资

收到采购物资时，借记“原材料”“应交税费——应交增值税（进项税额）”等科目，贷记“预付账款”科目。

3. 结清余款

当预付款项小于采购货物所需支付的款项时，应将不足部分补付，借记“预付账款”科目，贷记“银行存款”等科目；当预付款项大于采购货物所需支付的款项时，收回多余款项时，应借记“银行存款”等科目，贷记“预付账款”科目。

职业能力训练

一、职业分析能力训练

【分析思考】

1. 预付账款与应收账款都是企业的债权，两者有什么区别？

____

____

2. 如果预付账款期末余额在贷方，表示什么含义？

____

____

3.［多项选择题］关于“预付账款”账户，下列说法中正确的有（　　）。

A. “预付账款”账户属于资产性质的账户

B. 预付货款不多的企业，可以不单独设置“预付账款”账户，将预付的货款记入“应付账款”账户的借方

C. “预付账款”账户贷方余额反映的是应付供货单位的款项

D. “预付账款”账户只核算企业因销售业务而产生的往来款项

二、职业实践能力训练

（一）业务描述

【业务 1】购入材料一批，价款为 100 万元，增值税税额为 13 万元。双方约定先预付 40%的价款，待收货后再补付余下的款项。

（二）训练目标

能够根据发生的经济业务，熟练地进行预付账款的账务处理。

（三）训练内容

1. 请对表 3-6 中的账户进行解析。

表3-6

账户名称	类　别	借　方	贷　方	余　额	明细核算
预付账款					

2. 请根据业务描述在表 3-7 中编写业务 1 的会计分录。

表3-7

业务序号	情　形	会计分录
【业务1】	预付货款时	
	收到材料时	
	补付货款时	

任务四 核算其他应收款

夯实基础知识

一、其他应收款的概念

微课
报销差旅费

其他应收款是指除应收票据、应收账款、预付账款、应收股利、应收利息等以外的其他各种应收、暂付款项。其他应收款主要包括以下内容：

（1）应收的各种赔款、罚款，如因企业财产等遭受意外损失而应向有关保险公司收取的赔偿款等。

（2）应收的出租包装物租金。

（3）应向职工收取的各种垫付款项。

（4）存出保证金，如租入包装物支付的押金等。

（5）其他各种应收、暂付款项。

企业各部门使用的备用金、预付职工的差旅费通常也在“其他应收款”科目中核算。

二、核算其他应收款应设置的会计科目

核算其他应收款应设置“其他应收款”科目。“其他应收款”科目属于资产类科目，用以核算企业其他应收款的增减变动及结存情况。本科目应按照对方单位（或个人）进行明细分类核算。

三、其他应收款核算的内容

1. 取得其他应收款

企业因预借差旅费、支付押金、应收赔款或罚款等取得其他应收款时，应借记“其他应收款”科目，贷记“库存现金”“银行存款”“固定资产清理”“待处理财产损溢”等科目。

2. 收回其他应收款

企业因报销差旅费、收到退回的押金、收到应收的赔款或罚款、从工资中扣除代职工垫付的款项等收回其他应收款时，应借记“管理费用”“库存现金”“银行存款”“应付职工薪酬”等科目，贷记“其他应收款”科目。

职业能力训练

一、职业分析能力训练

【分析思考】

[多项选择题] 下列各项中，企业应通过“其他应收款”科目核算的有（　　）。

A. 应收代职工垫付的房租和水电费

B. 财产遭受意外损失应由保险公司支付的赔偿款项

C. 销售商品代客户垫付的运输费

D. 租入包装物支付的押金

二、职业实践能力训练

（一）业务描述

【业务 1】租入包装物一批，以银行存款支付包装物押金 1 000 元。

【业务 2】接【业务 1】，租期已到，收到对方退回的包装物押金 1 000 元。

【业务 3】用银行存款代职工垫付本月水电费 2 000 元，在发放工资时扣除。

【业务 4】职工张宁出差，预借差旅费 1 200 元，以现金付讫。张宁出差回来，报销差旅费 1 000 元，退回现金 200 元。

【业务 5】1 月 5 日，企业供应科领用定额备用金 1 000 元，出纳以现金支付。1 月 10 日，供应科报销办公费 900 元，出纳以现金支付。3 月 10 日，供应科报销办公费 800 元，出纳以现金支付。年终，供应科报销办公费 850 元，同时交回现金 150 元。为简化核算，暂不考虑相关税费。

（二）训练目标

能够根据发生的经济业务，熟练地进行其他应收款的账务处理。

（三）训练内容

1. 请对表 3-8 中的账户进行解析。

表3-8

账户名称	类　别	借　方	贷　方	余　额	明细核算
其他应收款					

2. 请根据业务描述在表3-9中编写各业务的会计分录。

表3-9

<table>
<tr><th>业务序号</th><th colspan="2">会计分录</th></tr>
<tr><td>【业务1】</td><td colspan="2"></td></tr>
<tr><td>【业务2】</td><td colspan="2"></td></tr>
<tr><td rowspan="2">【业务3】</td><td>垫付水电费</td><td></td></tr>
<tr><td>从工资中扣回</td><td></td></tr>
<tr><td rowspan="2">【业务4】</td><td>预借差旅费</td><td></td></tr>
<tr><td>报销差旅费，结清预借款项</td><td></td></tr>
<tr><td rowspan="3">【业务5】</td><td>备用金使用部门第一次领款</td><td></td></tr>
<tr><td>办理报销，补足备用金定额</td><td></td></tr>
<tr><td>结清备用金</td><td></td></tr>
</table>

财经知识拓展

你了解差旅费吗

一、差旅费的报销流程

差旅费的报销一般有如下三种类型，其中第二种类型最为常见：

类型一：出差前填写“借款单”，经有关部门和人员审批后，财务付款。出差返回后填写“差旅费报销单”，报销差旅费，原借款多退少补。

类型二：出差前办理出差审批手续，出差时发生的费用由出差人员先垫付，出差返回后填写“差旅费报销单”，按实际发生的费用报销差旅费，财务付款。

类型三：出差前办理出差审批手续，出差时发生的费用直接在企业财务系统里支付，不需要出差人员垫付。

二、差旅费的报销单据

（1）纸质发票、车票等。

（2）电子发票、车票等。

与传统纸质发票相比，电子发票的操作更加简单、便捷，电子发票可以瞬间生成，并且不容易产生虚假发票。

【小组讨论】

（1）差旅费具体包括哪些内容？

（2）企业应该建立怎样的差旅费报销制度？

（3）财务人员应如何审核差旅费报销单？

（4）财务人员应如何进行差旅费的账务处理？

任务五 核算应收款项减值

夯实基础知识

一、应收款项减值的确认

企业的各种应收款项（包括应收票据、应收账款、预付账款、其他应收款等），可能会因购货人拒付、破产、死亡等而无法收回，使得应收款项的可收回金额低于其账面价值，由此造成应收款项减值。这类无法收回或收回的可能性极小的应收款项就是坏账。因坏账而产生的损失，被称为坏账损失。

二、核算应收款项减值应设置的会计科目

核算应收款项减值应设置“坏账准备”“信用减值损失”等科目。

1.“坏账准备”科目

“坏账准备”科目属于资产类科目，用以核算企业坏账准备的计提、转销等情况，属于“应收账款”“应收票据”等科目的调整科目。本科目可按应收款项的类别进行明细分类核算。

2.“信用减值损失”科目

“信用减值损失”科目属于损益类科目，用以核算企业应收款项减值所形成的损失情况。

三、应收款项减值核算的方法

应收款项减值核算有两种方法，即直接转销法和备抵法。

（一）直接转销法

我国《小企业会计准则》规定，采用直接转销法核算应收款项减值。采用直接转销法时，在日常核算中应收款项可能发生的坏账损失不予考虑，只有在实际发生坏账时，才作为坏账损失计入当期损益，同时直接冲销应收款项。发生坏账时，应借记“营业外支出”科目，贷记“应收账款”等科目。

（二）备抵法

我国《企业会计准则》规定，采用备抵法核算应收款项减值。

1. 备抵法的含义

备抵法是指采用一定的方法按期估计坏账损失，计入当期损益，同时形成坏账准备，待坏账实际发生时，冲销已计提的坏账准备和相应的应收款项。

2. 备抵法的账务处理

（1）计提坏账准备。企业计提坏账准备时，应借记“信用减值损失”科目，贷记“坏账准备”科目；冲减多计提的坏账准备时，应借记“坏账准备”科目，贷记“信用减值损失”科目。计提坏账准备时的计算公式为

当期应计提的坏账准备 = 当期按应收款项计算的坏账准备金额 −（或 +）“坏账准备”科目的贷方（或借方）余额

（2）转销坏账。对于确实无法收回的应收款项，按管理权限报经批准后作为坏账处理，转销应收款项。转销坏账时，应借记“坏账准备”科目，贷记“应收账款”等科目。

（3）收回已确认并转销的坏账。对于已确认为坏账的应收款项，并不意味着企业放弃了追索权，一旦重新收回，应及时入账。收回已确认并转销的坏账，应借记“应收账款”等科目，贷记“坏账准备”科目，同时，借记“银行存款”科目，贷记“应收账款”等科目。

职业能力训练

一、职业分析能力训练

【分析思考】

应收款项计提坏账准备，体现了哪个会计信息质量要求？

____

____

二、职业实践能力训练

（一）业务描述

甲公司为增值税一般纳税人，增值税税率为13%。2020年12月1日，甲公司“应收账款”科目借方余额为500万元，“坏账准备”科目贷方余额为25万元，公司通过对应收款项的信用风险特征进行分析，确定计提坏账准备的比例为期末应收账款余额的5%。12月，甲公司发生如下相关业务：

（1）5日，向乙公司赊销商品一批，开出的增值税专用发票上注明的价款为900万元，增值税税额为117万元。

（2）9日，某客户破产，根据清算程序，有应收账款40万元不能收回，被确认为坏账。

（3）11日，收到乙公司前欠的销货款500万元，存入银行。

（4）21日，收到已转销为坏账的应收账款10万元，存入银行。

（5）30日，向丙公司销售商品一批，开出的增值税专用发票上注明的售价为100万元，增值税税额为13万元，丙公司尚未付款。

（6）31日，计提坏账准备。

（二）训练目标

能够根据发生的经济业务，熟练地进行应收款项减值的账务处理。

（三）训练内容

1. 请对表 3-10 中的账户进行解析。

表3-10

账户名称	类　别	借　方	贷　方	余　额	明细核算
坏账准备					
信用减值损失					

2. 请根据业务描述在表 3-11 中编写各业务的会计分录。

表3-11

业务序号	会计分录
1	
2	
3	
4	
5	
6	应收账款期末余额 = 应提坏账准备 =

思维导图

- 应收和预付款项
  - 核算应收票据
    - 应收票据相关知识
      - 应收票据的概念
      - 商业汇票的概念、种类和适用范围
    - 核算应收票据应设置的会计科目
    - 应收票据核算的内容
      - 取得商业汇票
      - 商业汇票到期
      - 商业汇票的背书转让
      - 商业汇票的贴现
  - 核算应收账款
    - 应收账款的概念
    - 核算应收账款应设置的会计科目
    - 应收账款核算的内容
      - 取得应收账款
      - 收回应收账款
  - 核算预付账款
    - 预付账款的概念
    - 核算预付账款应设置的会计科目
    - 预付账款核算的内容
      - 预付货款
      - 收到采购的物资
      - 结清余款
  - 核算其他应收款
    - 其他应收款的概念
    - 核算其他应收款应设置的会计科目
    - 其他应收款核算的内容
      - 取得其他应收款
      - 收回其他应收款
  - 核算应收款项减值
    - 应收款项减值的确认
    - 核算应收款项减值应设置的会计科目
      - “坏账准备”科目
      - “信用减值损失”科目
    - 应收款项减值核算的方法
      - 直接转销法
      - 备抵法

项目四 存货

学习目标

知识目标

- 掌握原材料、库存商品、委托加工物资、周转材料的核算方法；
- 掌握存货清查的核算方法。

能力目标

- 能准确解释各种存货的概念；
- 能正确进行存货的初始计量和发出的计量；
- 能熟练进行原材料、库存商品、委托加工物资、周转材料的账务处理。

项目导入

通过项目二和项目三的学习，张泽对企业的流动资产有了一些基本的了解。一家企业，特别是工业企业，要用货币资金购买生产所需的各种材料来生产产品，销售符合市场需求的商品才能继续生存下去。对于企业大量的材料和产品，会计是如何进行账务处理的？

存货在流动资产总额中占有较大比例，是企业重要的流动资产之一。本项目主要学习资产要素中存货的确认、计量和记录。

任务一 初识存货

夯实基础知识

一、存货的概念及划分标准

1. 存货的概念

微课

30秒带你了解存货

存货是指企业在日常活动中持有以备出售的产品或商品，处在生产过程中的在产品，在生产过程或提供劳务过程中储备的材料、物料等，包括各类材料、在产品、半成品、产成品、商品、包装物、低值易耗品、委托代销商品等。

2. 存货的划分标准

（1）按照所有权划分。凡是所有权属于企业的，无论其存放地点在何处，都应属于本企业的存货；凡是所有权不属于企业的，即使存放在企业，也不属于本企业的存货。

（2）按照目的和用途划分。如果企业取得该项资产的目的和用途是销售或耗用，则这项资产属于存货；如果企业取得该项资产是为了其他用途，则这项资产不属于存货。

二、存货成本的确定

存货应当按照成本进行初始计量。存货成本包括采购成本、加工成本和其他成本。

1. 存货的采购成本

存货的采购成本是指企业的存货从采购到入库前所发生的全部支出，包括购买价款、相关税费及其他可归属于存货采购成本的费用。

（1）存货的购买价款。存货的购买价款是指企业购入的材料或商品的发票账单上列明的价款，但不包括按照规定可以抵扣的增值税进项税额。

（2）存货的相关税费。存货的相关税费是指企业购买存货发生的进口关税、消费税和不能抵扣的增值税进项税额等应计入存货采购成本的税费。

（3）其他可归属于存货采购成本的费用。其他可归属于存货采购成本的费用是指采购成本中除上述各项以外的可归属于存货采购的费用，如在存货采购过程中发生的仓储费、包装费、运输途中的合理损耗、入库前的挑选整理费用等。

2. 存货的加工成本

自制存货的成本由消耗的材料和加工成本构成，其中加工成本包括直接人工以及按照一定方法分配的制造费用。制造费用是指企业为生产产品和提供劳务而发生的各项间接费用。企业应当根据制造费用的性质，合理地选择制造费用的分配方法。

3. 存货的其他成本

存货的其他成本是指除采购成本、加工成本以外的，使存货达到目前场所和状态所发生的其他支出。企业设计产品发生的设计费用通常应计入当期损益，但是为特定客户设计产品所发生的、可直接确定的设计费用应计入存货的成本。

职业能力训练

一、职业分析能力训练

【分析思考】

1. 根据表 4–1 中的业务描述，判断其是否属于企业的存货。

表4–1

业务描述	属于企业存货的打“√”
待售的存货	
待消耗的存货	
在生产经营过程中使用以及处在加工过程中的存货	
正在运输途中或已运到但尚未办理入库手续的存货	
委托其他单位加工的存货	
委托其他单位代销的存货	
受其他单位委托代销的存货	
代其他单位加工的存货	
买来自己单位使用的汽车	

续表

业务描述	属于企业存货的打√
买来为了对外销售的汽车	

2. 根据表 4–2 中的经济事项判断其是否计入存货的成本。

表4–2

经济事项	计入成本	不计入成本
购买价款、运杂费、包装费、保险费		
一般纳税人可以抵扣的增值税		
小规模纳税人不能抵扣的增值税		
运输途中的合理损耗		
运输途中的不合理损耗		
入库前的挑选整理费用		
入库后的挑选整理费用		
一般的设计费用		
为特定客户发生的设计费用		
入库后的存储费用		

二、职业实践能力训练

（一）业务描述

2021 年 6 月 3 日，大山公司从春光公司购买 A 材料 1 000 千克，增值税专用发票上注明的单价为 150 元，价款为 150 000 元，增值税税额为 19 500 元。销售方代垫运费，运费增值税专用发票上注明的运费为 2 000 元，增值税税额为 180 元。实收 A 材料 980 千克，20 千克属于运输途中的合理损耗，大山公司签发并承兑 3 个月到期的商业承兑汇票 1 张。

（二）训练目标

能够根据发生的经济业务，熟练地填制材料入库单。

（三）训练内容

请根据业务描述，填制表 4–3 所示的材料入库单。

表4-3 材料入库单

供应单位：　　　　　　　　　　　　　　　　　　　　　　入库单编号：0301

发票号码：　　　　　　　　　　年 月 日　　　　　　　　收料仓库：一号仓库

材料名称及规格	计量单位	数 量		实际成本			单位成本
		应 收	实 收	发票价格	采购费用	合 计	

收料人员：　　　　　　　　　　检验人员：　　　　　　　　　　填单人员：

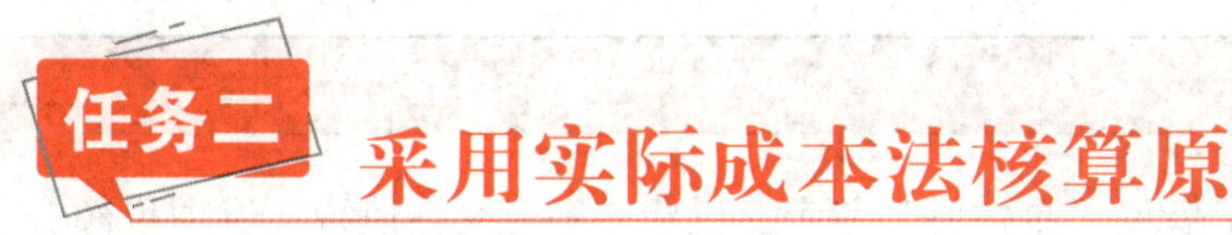

采用实际成本法核算原材料

夯实基础知识

一、原材料的概念

原材料是指企业在生产过程中经过加工改变其形态或性质，并构成产品主要实体的各种原料、主要材料和外购半成品，以及不构成产品实体但有助于产品形成的辅助材料。原材料具体包括原料及主要材料、辅助材料、外购半成品（外购件）、修理用备件（备品备件）、包装材料、燃料等。

二、实际成本法的优缺点

材料采用实际成本法核算时，材料的收入、发出及结存，无论是总分类核算还是明细分类核算，均按照实际成本计价。采用实际成本法核算的优点是可以反映产品成本中材料的实际费用，成本计算比较准确；其缺点是不能反映外购、自制等材料成本的超支和节约情况。实际成本法一般适用于规模较小、收发业务较少、材料品种不多的企业。

三、核算原材料收发按实际成本计价应设置的会计科目

核算原材料收发按实际成本计价时应设置"原材料""在途物资"等科目。"原材料"科目属于资产类科目，用以核算企业原材料的收入、发出和结存的实际成本。本科目可按材料的类别、品种和规格等进行明细分类核算。"在途物资"科目属于资产类科目，用以核算企业采用实际成本法进行日常核算、货款已付但尚未验收入库的原材料的采购成本。这两个科目可按照供应单位或物资品种进行明细分类核算。

四、采用实际成本法时原材料核算的内容

（一）外购原材料

企业外购原材料时，由于采购地点和结算方式等因素的影响，经常会出现材料入库和付款时间不一致的情况，因此账务处理方法也不一样，如表 4-4 所示。

表4-4

<table>
<tr><th>情　形</th><th colspan="2">账务处理</th></tr>
<tr><td>货款已经支付或已开出承兑商业汇票，材料已验收入库</td><td colspan="2">借记"原材料""应交税费——应交增值税（进项税额）"科目，贷记"银行存款""应付票据"等科目</td></tr>
<tr><td rowspan="2">货款已经支付或已开出承兑商业汇票，材料尚未到达或尚未验收入库</td><td>购入材料时</td><td>借记"在途物资""应交税费——应交增值税（进项税额）"科目，贷记"银行存款""应付票据"等科目</td></tr>
<tr><td>材料入库时</td><td>借记"原材料"科目，贷记"在途物资"科目</td></tr>
<tr><td rowspan="2">货款尚未支付或尚未开出承兑商业汇票，材料已经验收入库</td><td>在材料验收入库时，因为发票账单未到达，所以企业未付款</td><td>（1）在月内发生此类业务时，可暂不进行账务处理。
（2）待有关发票账单到达支付货款后，再按正常程序进行账务处理。
（3）如果月末发票账单仍未到达，应按材料的暂估价值入账，应借记"原材料"科目，贷记"应付账款——暂估应付账款"科目。
（4）下月初用红字冲销原暂估入账金额，待收到发票账单付款时按正常程序进行账务处理</td></tr>
<tr><td>材料已经验收入库，发票账单也已经到达，款项尚未支付</td><td>借记"原材料""应交税费——应交增值税（进项税额）"科目，贷记"应付账款"科目</td></tr>
</table>

续表

情 形	账务处理
货款已经预付，材料尚未验收入库	预付账款核算已在项目三中学习，此处不再重复

（二）发出原材料

1. 发出原材料的计价方法

采用实际成本计价时，由于材料购入的时间和地点不同，同一品种材料的单位成本往往不一致。因此，在每次发料时，就存在发出材料单位成本如何确定的问题。在实际成本核算的方法下，企业可以采用的发出存货成本的计价方法包括个别计价法、先进先出法、月末一次加权平均法和移动加权平均法。计价方法一经确定，不得任意变更。如需变更，应在财务报表附注中予以说明。

（1）个别计价法的相关内容如表 4–5 所示。

表4–5

定 义	个别计价法是指以每批存货的实际单位成本作为该批存货发出的单价来计算发出存货成本的一种方法
入 库	每次购入存货时，应按时间先后顺序逐笔登记购入存货的数量、单位成本和金额
发 出	每次发出存货时，逐一辨认各批发出存货和期末存货所属的购进批别或生产批别，分别按其购入或生产时所确定的单位成本计算各批发出存货和期末存货的成本
优缺点	个别计价法的成本计算准确，符合实际情况，但在存货收发频繁的情况下，其发出成本分辨的工作量较大

（2）先进先出法的相关内容如表 4–6 所示。

微课
先进先出法

表4–6

定 义	先进先出法是指假定先购入的存货应先发出的一种方法
入 库	每次购入存货时，应按时间先后顺序逐笔登记购入存货的数量、单位成本和金额
发 出	每次发出存货时，按照先购入存货的单位成本计算发出存货的实际成本，并逐笔登记存货的发出成本和结存金额

续表

优缺点	先进先出法可以随时结转存货发出成本，但较烦琐。如果存货收发业务较多，且存货单位成本不稳定时，其工作量较大。在物价持续上升时，期末存货成本接近于市价，而发出成本偏低，会高估企业当期利润和库存存货价值；反之，会低估企业存货价值和当期利润

（3）月末一次加权平均法的相关内容如表4-7所示。

表4-7

定义	月末一次加权平均法是指将本月全部收入存货数量加上月初存货数量之和作为权数，去除本月全部收入存货成本加上月初存货成本之和，计算出存货的加权平均单位成本，以此为基础计算本月发出存货成本和期末存货成本的一种方法
入库	每次购入存货时，应按时间的先后顺序逐笔登记购入存货的数量、单位成本和金额
发出	每次发出存货时，只登记发出存货的数量和结存存货的数量，月末先计算加权平均单位成本，再计算发出存货的成本和期末存货的成本
计算公式	加权平均单位成本（月末计算一次）=（月初存货成本+本月全部收入存货成本）/（月初存货数量+本月全部收入存货数量） 本月发出存货成本=本月发出存货数量×加权平均单位成本 月末存货成本=月初存货成本+本月收入存货成本-本月发出存货成本
优缺点	采用月末一次加权平均法，存货的平均单位成本只需月末计算一次，可以简化成本计算工作，但计算工作集中在月末进行，影响核算工作的均衡性和及时性，并且平时从账簿上看不出存货的结存金额，不便于存货的日常管理

（4）移动加权平均法的相关内容如表4-8所示。

表4-8

定义	移动加权平均法是指以每次进货成本加上原有结存存货成本的合计额，除以每次进货数量加上原有结存存货数量的合计数，计算本次进货的加权平均单位成本，作为在下次进货前计算各次发出存货成本依据的一种方法
入库	每次购入存货时，应按时间先后顺序逐笔登记购入存货的数量、单位成本和金额
发出	每次发出存货时，按照上一次计算出的加权平均单位成本计算本次发出存货的实际成本，并逐笔登记存货的发出成本和结存金额

续表

计算公式	加权平均单位成本（每购进一批存货计算一次）=（原有结存存货成本 + 本次入库存货成本）/（原有结存存货数量 + 本次入库存货数量） 本次发出存货成本 = 本次发出存货数量 × 本次发货前的加权平均单位成本 月末存货成本 = 月初存货成本+本月收入存货成本−本月发出存货成本
优 缺 点	采用移动加权平均法能够使企业管理层及时了解存货的结存情况，计算的单位成本以及发出和结存的存货成本比较客观。但由于每次进货都要计算一次平均单位成本，计算工作量较大，对收发货业务较频繁的企业不适用

2. 发出原材料的核算

企业各生产单位及有关部门领用的材料具有种类多、业务频繁等特点，为了简化核算，企业可以在月末根据“领料单”或“限额领料单”编制“发料凭证汇总表”，按照领料部门和用途，将发出材料的实际成本计入相关资产的成本或当期损益，借记“生产成本”“制造费用”“管理费用”“销售费用”“在建工程”“其他业务成本”等科目，贷记“原材料”科目。

发出材料实际成本的确定，可以由企业从上述个别计价法、先进先出法、月末一次加权平均法、移动加权平均法等方法中选择。

五、原材料收发的明细分类核算

为了随时掌握各种原材料的收入、发出、结存数量及金额，企业应按原材料的品种、规格设置数量金额式明细账。若材料品种、规格较多，为防止出现差错，还应按仓库和材料类别设置原材料明细账，进行二级分类核算。材料二级分类账只登记材料收入、发出和结存的金额，不登记数量。

职业能力训练

一、职业分析能力训练

【分析思考】

1. 在会计信息化条件下，哪种发出存货的计价方法会成为企业的最佳选择？

____

____

2. 对于发票账单未到达但已验收入库的原材料，月末为什么要暂估入账？

____

____

3.［单项选择题］某企业本期购进5批存货，发出2批，在物价持续上升的情况下，与月末一次加权平均法相比，该企业采用先进先出法导致的结果是（　　）。

A. 当期利润较低　　B. 库存存货价值较低

C. 期末存货成本接近于市价　　D. 发出存货的成本较高

二、职业实践能力训练

（一）业务描述

【业务1】甲公司购入A材料一批，增值税专用发票上注明的货款为300 000元，增值税税额为39 000元。对方代垫包装费1 000元。全部款项以银行存款支付，材料已验收入库。

【业务2】甲公司持银行汇票购入A材料一批，增值税专用发票上注明的货款为200 000元，增值税税额为26 000元，材料已验收入库。

【业务3】4月8日，甲公司采用汇兑结算方式购入B材料一批，增值税专用发票上注明的货款为20 000元，增值税税额为2 600元，支付保险费1 000元，材料尚未入库。

【业务4】接【业务3】，4月10日，上述B材料到达，验收入库。

【业务5】甲公司购入C材料一批，增值税专用发票上注明的货款为190 000元，增值税税额为24 700元。款项尚未支付，材料已验收入库。

【业务6】甲公司购入D材料一批，材料已验收入库，月末发票账单尚未收到，暂估价值为30 000元。

【业务7】接【业务6】，5月初冲回4月末D材料暂估入账价值。

【业务8】接【业务6】和【业务7】，上述购入的D材料于5月收到发票账单，增值税专用发票上注明的价款为30 000元，增值税税额为3 900元，款项已用银行存款付讫。

【业务9】根据与某钢厂的购销合同规定，甲公司为购买E材料向该钢厂预付100 000元价款的80%，计80 000元，已通过汇兑方式汇出。

【业务10】接【业务9】，甲公司收到该钢厂发运来的E材料，已验收入库。增值税专用发票上注明该批货物的价款为100 000元，增值税税额为13 000元，所欠款项以银行存款付讫。

【业务11】5月末，甲公司“发料凭证汇总表”记录的A材料消耗情况如下：生产产品领用260 000元，车间管理部门领用10 000元，企业行政管理部门领用5 000元，销售部门领用4 000元。

【业务12】12月，甲公司F材料购入、发出和结存的资料如下：

（1）1日，期初结存200千克，单位成本1.00元。

（2）9日，购入300千克，单位成本1.10元。

（3）11日，发出400千克。

（4）16日，购入400千克，单位成本1.15元。

（5）20日，发出300千克。

（6）28日，购入100千克，单位成本1.20元。

（二）训练目标

能够根据企业发生的经济业务，熟练地进行在实际成本法下原材料收发业务的账务处理。

（三）训练内容

1. 请对表4-9中的账户进行解析。

表4-9

账户名称	类　别	借　方	贷　方	余　额	明细核算
原材料					
在途物资					

2. 请根据业务描述在表4-10中编写各业务的会计分录。

表4-10

收发材料关键点	业务序号	会计分录
货款已经支付或已开出、承兑商业汇票，同时材料已验收入库（关键点：采购成本的计算）	【业务1】	
	【业务2】	
货款已经支付或已开出、承兑商业汇票，材料尚未到达或尚未验收入库（关键点："在途物资"账户的使用）	【业务3】	
	【业务4】	
货款尚未支付，材料已经验收入库（关键点：月末估账）	【业务5】	
	【业务6】	
	【业务7】	
	【业务8】	
货款已经预付，材料尚未验收入库（关键点：收到货物时，"预付账款"账户的处理）	【业务9】	
	【业务10】	
发出存货的计价方法；按照领料部门和用途，将发出材料的成本计入相关资产的成本或当期损益	【业务11】	

3. 根据【业务 12】在表 4-11、表 4-12、表 4-13 和表 4-14 中分别按照相应的存货发出计价方法登记原材料明细账。

说明：采用个别计价法时，12 月 11 日发出 F 材料 400 千克，经过辨别，发现其中 150 千克是期初存货，250 千克是 12 月 9 日购入的。12 月 20 日发出 F 材料 300 千克，经过辨别，发现都是 12 月 16 日购入的。

表4-11 原材料明细账（个别计价法）

2021年		凭证		摘要	收入			发出			结存		
月	日	种类	号数		数量	单价	金额	数量	单价	金额	数量	单价	金额
12	1			期初余额									
	9			购入									
	11			发出									
	16			购入									
	20			发出									
	28			购入									
	31			本月合计									

表4-12 原材料明细账（先进先出法）

2021年		凭证		摘要	收入			发出			结存		
月	日	种类	号数		数量	单价	金额	数量	单价	金额	数量	单价	金额
12	1			期初余额									
	9			购入									
	11			发出									
	16			购入									
	20			发出									
	28			购入									
	31			本月合计									

表4-13　原材料明细账（月末一次加权平均法）

2021年		凭证		摘要	收入			发出			结存		
月	日	种类	号数		数量	单价	金额	数量	单价	金额	数量	单价	金额
12	1			期初余额									
	9			购入									
	11			发出									
	16			购入									
	20			发出									
	28			购入									
	31			本月合计									

表4-14　原材料明细账（移动加权平均法）

2021年		凭证		摘要	收入			发出			结存		
月	日	种类	号数		数量	单价	金额	数量	单价	金额	数量	单价	金额
12	1			期初余额									
	9			购入									
	11			发出									
	16			购入									
	20			发出									
	28			购入									
	31			本月合计									

任务三 采用计划成本法核算原材料

夯实基础知识

一、计划成本法的概念

微课
计划成本法

材料采用计划成本法核算时，材料的收入、发出及结存，无论是总分类核算还是明细分类核算，均按照计划成本计价。采用计划成本法核算的优点是可以考核采购成本的工作绩效，有利于加强内部管理；其缺点是与实际成本法相比，存货成本的准确性较差。在实务工作中，对于材料收发业务较多且计划成本资料较为健全、准确的企业，一般都采用计划成本法进行材料收发的核算。

二、核算原材料收发按计划成本计价应设置的会计科目

核算原材料收发按计划成本计价应设置“材料采购”“原材料”“材料成本差异”等科目（见表 4-15）。“原材料”科目属于资产类科目，用以核算企业原材料的收入、发出和结存的计划成本。本科目可按材料的类别、品种和规格等进行明细分类核算。

“材料采购”科目属于资产类科目，用以核算企业采用计划成本进行材料日常核算而购入材料的采购成本。本科目可按照供应单位和材料品种进行明细分类核算。

“材料成本差异”科目属于资产类科目，用以核算企业材料按计划成本核算时实际成本与计划成本的差额。

表4-15

<table>
<tr><th>“材料采购”科目</th><th>“原材料”科目</th><th>“材料成本差异”科目</th></tr>
<tr><td rowspan="2">借方：登记采购材料的实际成本；结转入库材料的节约差异</td><td rowspan="2">借方登记入库材料计划成本</td><td>借方登记入库材料超支差异</td></tr>
<tr><td>贷方登记入库材料节约差异</td></tr>
<tr><td rowspan="2">贷方：登记入库材料的计划成本；结转入库材料的超支差异</td><td rowspan="2">贷方登记发出材料计划成本</td><td>贷方登记发出材料超支差异</td></tr>
<tr><td>借方登记发出材料节约差异</td></tr>
</table>

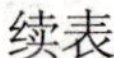
续表

"材料采购"科目	"原材料"科目	"材料成本差异"科目
借方余额表示尚未验收入库材料的实际采购成本	借方余额表示库存材料计划成本	借方余额表示库存材料超支差异 贷方余额表示库存材料节约差异

三、采用计划成本法时原材料核算的内容

（一）外购原材料

在计划成本法下，购入的材料无论是否验收入库，都要先通过"材料采购"科目进行核算，以反映企业所购材料的实际成本，从而与"原材料"科目的计划成本相比较，计算确定材料成本差异。

1. 核算步骤

采用计划成本法核算原材料的具体步骤如表 4–16 所示。

表4–16

步　骤	具体内容	注意事项
第一步	计算材料的实际采购成本，记入"材料采购"科目	存货的实际采购成本，包括购买价款、相关税费、运输费、装卸费、保险费以及其他可归属于存货采购成本的费用等
第二步	计算入库材料的计划成本，记入"原材料"科目	入库材料的计划成本 = 入库材料的数量 × 计划单价
第三步	计算入库材料的成本差异，记入"材料成本差异"科目	入库材料的成本差异 = 入库材料的实际采购成本 – 入库材料的计划成本（成本差异为正数，表示超支差；成本差异为负数，表示节约差）

2. 账务处理

（1）货款已经支付，材料验收入库时的账务处理如表 4–17 所示。

表4–17

情　形	账务处理
购入材料时	借记"材料采购""应交税费——应交增值税（进项税额）"科目，贷记"银行存款""应付票据"等科目
材料验收入库时	借记"原材料"科目，贷记"材料采购"科目，实际成本与计划成本的差额记入"材料成本差异"科目的借方或贷方

（2）货款尚未支付，材料已经验收入库时的账务处理如表 4-18 所示。

表4-18

情 形	账务处理
在材料验收入库时，因为发票账单未到达，所以企业未付款	在月内发生此类业务时，可暂不进行账务处理；待有关发票账单到达支付货款后，再按正常程序进行账务处理；如果月末发票账单仍未到达，应按材料的计划成本暂估入账，应借记“原材料”科目，贷记“应付账款——暂估应付账款”科目；下月初用红字冲销原暂估入账金额，待收到发票账单付款时按正常程序进行账务处理
材料已经验收入库，发票账单也已经到达，款项尚未支付	借记“材料采购”“应交税费——应交增值税（进项税额）”科目，贷记“应付账款”科目，同时，借记“原材料”科目，贷记“材料采购”科目，实际成本与计划成本的差额记入“材料成本差异”科目的借方或贷方

（二）发出原材料

1. 结转发出材料的计划成本

在会计实务中，为了简化核算，企业可以在月末根据领料单等编制发料凭证汇总表，按照领料部门和用途，将发出材料的计划成本计入相关资产的成本或当期损益，借记“生产成本”“制造费用”“管理费用”“销售费用”“其他业务成本”等科目，贷记“原材料”科目。发出材料的计划成本的计算公式为

发出材料的计划成本 = 发出材料的数量 × 计划单价

2. 计算材料成本差异率，结转发出材料应负担的成本差异

材料成本差异的调整是计划成本核算的核心问题。企业通过计算材料成本差异率，进而计算本月发出材料应负担的成本差异并进行分摊。按照领料部门和用途，将发出材料的成本差异计入相关资产的成本或当期损益，从而将发出的材料成本由计划成本调整为实际成本。

（1）计算公式。材料成本差异率的计算公式为

材料成本差异率 =（期初结存材料成本差异 + 本月入库材料成本差异）÷（期初结存材料计划成本 + 本月入库材料计划成本）× 100%

材料成本差异率为正数，表示超支差；材料成本差异率为负数，表示节约差。

发出材料应负担的成本差异的计算公式为

发出材料应负担的成本差异 = 发出材料的计划成本 × 本期材料成本差异率

（2）账务处理。结转发出材料应负担的超支差异，应借记“生产成本”“制造费用”“管理费用”“销售费用”“其他业务成本”等科目，贷记“材料成本差异”科目。结转发出材料应负担的节约差异，应借记“材料成本差异”科目，贷记“生产成本”“制造费用”“管理费用”“销售费用”“其他业务成本”等科目。

3. 计算发出材料的实际成本

当月发出材料的实际成本的计算公式为

发出材料的实际成本 = 发出材料的计划成本 + 发出材料负担的成本差异

四、原材料收发的明细分类核算

在计划成本计价法下，材料数量金额式明细账和材料二级分类账都是按计划成本计价，原材料收发的明细分类核算与按实际成本计价的明细分类核算基本相同。

职业能力训练

一、职业分析能力训练

【分析思考】

1.“材料采购”科目与“在途物资”科目有什么区别?

____

____

2.［多项选择题］下列关于原材料采用计划成本核算的会计处理的表述中，正确的有（　　）。

A. 入库原材料节约差异记入“材料成本差异”科目的借方

B. 发出原材料应分担的超支差异记入“材料成本差异”科目的贷方

C. 材料的收入、发出及结存均按照计划成本计价

D. 计算发出材料应分担的差异，将计划成本调整为实际成本

3.［单项选择题］某企业为增值税一般纳税人，增值税税率为13%，销售一批原材料，价税合计为5 876元，款项尚未收到。该批材料计划成本为4 200元，材料成本差异率为2%。不考虑其他因素，销售材料应确认的损益为（　　）元。

A. 1 884　　　　B. 1 084

C. 1 968　　　　D. 916

4.［单项选择题］某企业材料采用计划成本核算，月初结存材料计划成本为260万元，材料成本差异为节约60万元；当月购入材料一批，实际成本为150万元，计划成本为140万元，领用材料的计划成本为200万元。当月结存材料的实际成本为（　　）万元。

A. 125　　B. 200

C. 250　　D. 175

二、职业实践能力训练

（一）业务描述

【业务1】购入A材料一批，增值税专用发票上注明的货款为300 000元，增值税税额为39 000元，款项以银行存款支付。材料已验收入库，计划成本为320 000元。

【业务2】采用银行承兑汇票方式购入B材料一批，增值税专用发票上注明的货款为50 000元，增值税税额为6 500元。汇票已签发并交给对方。材料已验收入库，计划成本为49 000元。

【业务3】4月8日，采用汇兑结算方式购入C材料一批，货款为20 000元，增值税税额为2 600元，发票账单已收到，款项以银行存款支付。材料尚未入库。

【业务4】接【业务3】，4月10日，上述C材料到达，验收入库，计划成本为18 000元。

【业务5】月末，“发料凭证汇总表”记录的原材料消耗（计划成本）情况如下：生产产品领用260 000元，车间管理部门领用10 000元，行政管理部门领用5 000元，销售部门领用15 000元。

【业务6】接【业务5】，月初结存材料的计划成本为100 000元，成本差异为借方3 000元；本月入库材料的计划成本为372 000元，成本差异为贷方22 000元。结转本月发出材料应负担的成本差异。

（二）训练目标

能够根据发生的经济业务，熟练地进行在计划成本法下原材料收发业务的账务处理。

（三）训练内容

1. 请对表4-19中的账户进行解析。

表4-19

账户名称	类　别	借　方	贷　方	余　额	明细核算
原材料					
材料采购					
材料成本差异					

2. 请根据业务描述在表 4-20 中编写各业务的会计分录。

表4-20

收发材料关键点	业务序号	会计分录
货款已经支付或开出承兑商业汇票，同时材料已验收入库（关键点：必须通过“材料采购”科目进行核算）	【业务1】	
	【业务2】	
货款已经支付或已开出承兑商业汇票，材料尚未到达或尚未验收入库（关键点：必须通过“材料采购”科目进行核算）	【业务3】	
	【业务4】	
结转发出材料的计划成本，计算材料成本差异率，结转发出材料应负担的成本差异，计算发出材料的实际成本	【业务5】	
	【业务6】	

财经知识拓展

【企业调研】

计划成本法在大中型制造行业内一直被广泛使用，请针对以下问题开展调查，写一篇简短的调研报告：

（1）计划成本法的优势是什么？

（2）计划成本是如何制定出来的？

（3）企业是如何利用计划成本法进行存货核算的？

核算库存商品

夯实基础知识

一、库存商品的概念

库存商品是指企业完成全部生产过程并已验收入库、合乎标准规格和技术条件，可以按照合同规定的条件送交订货单位，或者可以作为商品对外销售的产品，以及外购或委托加工完成验收入库用于销售的各种商品。

已完成销售手续但购买单位在月末未提取的产品，不应作为企业的库存商品，而应作为代管商品处理，单独设置代管商品备查簿进行登记。

二、核算库存商品应设置的会计科目

微课

库存商品

核算库存商品时应设置“库存商品”科目。“库存商品”科目属于资产类科目，用以核算企业库存商品的收入、发出和结存情况。本科目可按库存商品的种类、品种和规格等进行明细分类核算。

三、库存商品核算的内容

1. 验收入库

产品完工验收入库，应借记“库存商品”科目，贷记“生产成本”科目。外购商品验收入库，应借记“库存商品”“应交税费——应交增值税（进项税额）”

科目，贷记“银行存款”等科目。

2. 发出商品

企业销售产品按规定确认收入的同一会计期间，应结转与收入相关的产品成本。结转已经销售产品的成本时，应借记“主营业务成本”科目，贷记“库存商品”等科目。

职业能力训练

一、职业分析能力训练

【分析思考】

已完成销售手续但购买单位在月末未提取的产品，企业应如何处理？

____

____

二、职业实践能力训练

（一）业务描述

【业务1】6月，某企业生产完工甲产品10件，实际单位成本500元，根据产品入库单等有关原始凭证编制会计分录。

【业务2】6月，销售甲产品一批，增值税专用发票上注明的价款为11 000元，增值税税额为1 430元，款项已存入银行，根据先进先出法确定该批商品的实际成本为8 000元。

（二）训练目标

能够根据发生的经济业务，熟练地进行库存商品收发业务的账务处理。

（三）训练内容

1. 请对表4-21中的账户进行解析。

表4-21

账户名称	类　别	借　方	贷　方	余　额	明细核算
库存商品					

2. 请根据业务描述在表 4-22 中编写各业务的会计分录。

表4-22

业务序号	会计分录
【业务1】	
【业务2】	

任务五 核算委托加工物资

夯实基础知识

一、委托加工物资的概念

委托加工物资是指企业委托外单位加工的各种材料、商品等物资。企业委托外单位加工物资的成本包括加工中实际耗用物资的成本、支付的加工费及应负担的运杂费、支付的相关税费等。

微课
委托加工物资

二、核算委托加工物资应设置的会计科目

核算委托加工物资应设置“委托加工物资”科目。“委托加工物资”科目属于资产类科目，用以核算企业委托加工物资增减变动及结存情况。本科目可按加工物资的品种和规格进行明细分类核算。

注：需要缴纳消费税的委托加工物资，由受托方代收代缴的消费税，收回后用于直接销售的，记入“委托加工物资”科目；收回后用于继续加工的，记入“应交税费——应交消费税”科目。

三、委托加工物资核算的内容

1. 拨付加工物资

拨付加工物资时，应借记“委托加工物资”科目，贷记“原材料”等科目。

2. 发生加工费用

发生加工费用时，应借记“委托加工物资”“应交税费——应交增值税（进项税额）”科目，贷记“银行存款”等科目。

3. 支付运费

支付费用时，应借记“委托加工物资”“应交税费——应交增值税（进项税额）”科目，贷记“银行存款”等科目。

4. 收回加工物资

收回加工物资时，应借记“原材料”“库存商品”等科目，贷记“委托加工物资”科目。

职业能力训练

一、职业分析能力训练

【分析思考】

［多项选择题］甲企业委托乙企业加工一批物资，发出原材料的实际成本为100 万元，支付运杂费 3 万元，加工费 2 万元（均不考虑增值税）。乙企业代收代缴消费税 8 万元，该物资收回后用于连续加工应税消费品。不考虑其他税费，下列各项中，关于甲企业委托加工物资会计处理结果的表述中，正确的有（　　）。

A. 支付的运杂费 3 万元应计入委托加工物资成本

B. 乙企业代收代缴的消费税 8 万元应计入委托加工物资成本

C. 乙企业代收代缴的消费税 8 万元应借记“应交税费——应交消费税”科目

D. 委托加工物资成本总额为 105 万元

二、职业实践能力训练

（一）业务描述

【业务 1】委托乙公司加工材料一批，发出材料的实际成本为 100 000 元。

【业务 2】以银行存款支付运杂费 2 000 元，增值税税额为 180 元。

【业务 3】以银行存款支付加工费用 10 000 元，增值税税额为 1 300 元。

【业务 4】接【业务 1】、【业务 2】和【业务 3】，材料加工完成验收入库。

（二）训练目标

能够根据发生的经济业务，熟练地进行委托加工物资的账务处理。

（三）训练内容

1. 请对表 4-23 中的账户进行解析。

表4-23

账户名称	类 别	借 方	贷 方	余 额	明细核算
委托加工物资					

2. 请根据业务描述在表 4-24 中编写各业务的会计分录。

表4-24

业务序号	会计分录
【业务1】	
【业务2】	
【业务3】	
【业务4】	

任务六 核算周转材料

夯实基础知识

一、周转材料的相关概念

周转材料是指企业能够多次使用，不符合固定资产定义，逐渐转移其价值但仍保持原有形态的材料物品。企业的周转材料包括包装物和低值易耗品。

1. 包装物

包装物是指为了包装本企业产品而储备的各种包装容器，如桶、箱、袋等，具体包括以下几类：

（1）生产过程中用于包装产品作为产品组成部分的包装物。

（2）随同产品出售而不单独计价的包装物。

（3）随同产品出售单独计价的包装物。

（4）出租或出借的包装物。

2. 低值易耗品

低值易耗品是指不能作为固定资产核算的各种用具物品，如工具、管理用具、玻璃器皿、劳动保护用品以及在经营过程中周转使用的容器等。

微课
低值易耗品

低值易耗品与固定资产一样，都属于劳动资料，但其价值较低，使用期限较短，容易损坏。鉴于这些特点，低值易耗品通常被视同存货，作为流动资产进行核算和管理。

二、核算周转材料应设置的会计科目

核算周转材料应设置“周转材料”科目。“周转材料”科目属于资产类科目，用以核算企业周转材料增减变动及结存情况。本科目下设“包装物”和“低值易耗品”两个二级科目进行明细分类核算。

三、周转材料核算的内容

（一）外购周转材料

周转材料的采购、入库的核算，无论是按实际成本计价还是按计划成本计价，均与原材料的账务处理基本相同。

（二）发出周转材料

1. 发出包装物

（1）生产过程中领用的包装物。生产过程中领用的包装物，在包装产品后就成为产品的一部分。因此，应将包装物的成本计入产品的生产成本，借记“生产成本”等科目，贷记“周转材料——包装物”科目。

（2）随同商品出售但不单独计价的包装物。随同商品出售但不单独计价的包装物，其发出的目的主要是确保销售商品的质量或提供较为良好的销售服务。因此，应将这部分包装物的成本作为企业发生的销售费用处理，借记“销售费用”科目，贷记“周转材料——包装物”科目。

（3）随同商品出售并单独计价的包装物。随同商品出售并单独计价的包装物，实际上就是出售包装物，其账务处理与出售原材料相同。取得出售包装物收入时，应借记“银行存款”等科目，贷记“其他业务收入”“应交税费——应交增值税（销项税额）”科目；结转出售包装物成本时，应借记“其他业务成本”科目，贷记“周转材料——包装物”科目。

（4）出借的包装物。企业将出借包装物成本的摊销记入“销售费用”科目，借记“销售费用”科目，贷记“周转材料——包装物”科目。

（5）出租的包装物。出租的包装物企业按约定收取包装物租金时，应记入“其他业务收入”科目，借记“银行存款”等科目，贷记“其他业务收入”等科目；企业应将出租包装物成本的摊销记入“其他业务成本”科目，借记“其他业务成本”科目，贷记“周转材料——包装物”科目。

2. 发出低值易耗品

低值易耗品从仓库领用、发出直到报废以前，可在生产过程中反复使用，其损耗的价值需要采用一定的摊销方法分期计入成本费用中。摊销方法有一次摊销法和分次摊销法。

（1）一次摊销法。一次摊销法是指周转材料在领用时，就将其全部账面价值计入相关产品成本或当期损益的方法。对于金额较小的周转材料，可在领用时一次计入成本费用，应借记“生产成本”“管理费用”“销售费用”等科目，贷记“周转材料——低值易耗品”科目。

（2）分次摊销法。分次摊销法是指按照估计领用的单次平均摊销周转材料的账面价值。分次摊销法适用于可供多次反复使用的周转材料。采用分次摊销法时，需要单独设置“周转材料——低值易耗品（在用）”“周转材料——低值易耗品（在库）”“周转材料——低值易耗品（摊销）”明细科目进行明细分类核算（见表 4–25）。

表4–25

情　形	账务处理
领用低值易耗品时	借记“周转材料——低值易耗品（在用）”科目，贷记“周转材料——低值易耗品（在库）”科目
第一次摊销时	借记“生产成本”“管理费用”“销售费用”等科目，贷记“周转材料——低值易耗品（摊销）”科目
最后一次摊销时	借记“生产成本”“管理费用”“销售费用”等科目，贷记“周转材料——低值易耗品（摊销）”科目；同时借记“周转材料——低值易耗品（摊销）”科目，贷记“周转材料——低值易耗品（在用）”科目。由于已经全部摊销完毕，因此，需要将“周转材料——低值易耗品（摊销）”明细科目与“周转材料——低值易耗品（在用）”明细科目进行相互抵消，从而结平“周转材料——低值易耗品”明细科目的余额

职业能力训练

一、职业分析能力训练

【分析思考】

［多项选择题］下列有关会计处理的表述中，正确的有（　　）。

A. 出借包装物成本的摊销记入“其他业务成本”科目

B. 出租包装物成本的摊销记入“其他业务成本”科目

C. 随同产品出售单独计价的包装物成本记入“其他业务成本”科目

D. 随同产品出售不单独计价的包装物成本记入“其他业务成本”科目

二、职业实践能力训练

（一）业务描述

【业务 1】购进包装箱 1 000 只，增值税专用发票上注明的价款为 13 000 元，增值税税额为 1 690 元，签发支票支付货款，包装箱已验收入库。

【业务 2】本月生产产品领用甲包装物的实际成本为 10 000 元。

【业务 3】本月销售产品领用不单独计价的乙包装物的实际成本为 5 000 元。

【业务 4】本月销售产品领用单独计价的丙包装物，取得销售收入为 14 500 元，增值税税额为 1 885 元。款项已存入银行。该包装物的实际成本为 9 500 元。

【业务 5】购进工作服 30 套，增值税专用发票上注明的价款为 2 100 元，增值税税额为 273 元，签发支票支付货款，工作服已验收入库。

【业务 6】管理部门领用管理工具一批，实际成本为 500 元，采用一次摊销法进行核算。

【业务 7】生产车间领用工具一批，实际成本为 10 000 元，估计使用次数为 2 次，采用分次摊销法进行核算。

（二）训练目标

能够根据发生的经济业务，熟练地进行周转材料的账务处理。

（三）训练内容

1. 请对表 4-26 中的账户进行解析。

表4-26

账户名称	类　别	借　方	贷　方	余　额	明细核算
周转材料					

2. 请根据业务描述在表 4-27 中编写各业务的会计分录。

表4-27

业务序号	会计分录
【业务1】	

续表

业务序号	会计分录
【业务2】	
【业务3】	
【业务4】	
【业务5】	
【业务6】	
【业务7】	

德育园地

过度包装

商品过度包装是指超出了商品保护、展示、储存、运输等正常功能要求的包装，主要表现为包装层数过多、包装空隙过大、包装成本过高、选材用料不当等。

常见的过度包装的形式有以下几种：

（1）结构过度。有的商品故意增加包装层数，在内包装和外包装间增加中包装，外观漂亮，名不副实；有的商品包装体积过大，实际产品很小，喧宾夺主；还有的商品采用过厚的衬垫材料，保护功能过剩。

（2）材料过度。在一些礼品的包装中，商家为了提高商品的价格，不惜在包装材料的选择上下了很大的工夫，很多包装商品本来用纸包装就可以满足要求，却采用了实木、金属制品等进行设计，大大增加了包装成本。这种包装不仅增加了消费者的消费压力，也造成了资源不必要的浪费。

（3）装潢过度。商家往往盲目采用上好的包装原材料，增加包装成本，有的甚至还在商品中附加几倍甚至几十倍于商品价值的礼品，提升商品价格。

适当的包装是必要的，但过度包装会导致走向另一个极端：夸大包装的功能，误导消费观念，损害消费者的利益。过度包装造成了材料浪费、环境污染。

学习讨论

产品生产企业、包装生产企业、消费者等如何遏制过度包装？请将你的想法填入表 4-28 中。

表4-28

包装企业	
商品生产者	
商品销售者	
消费者	

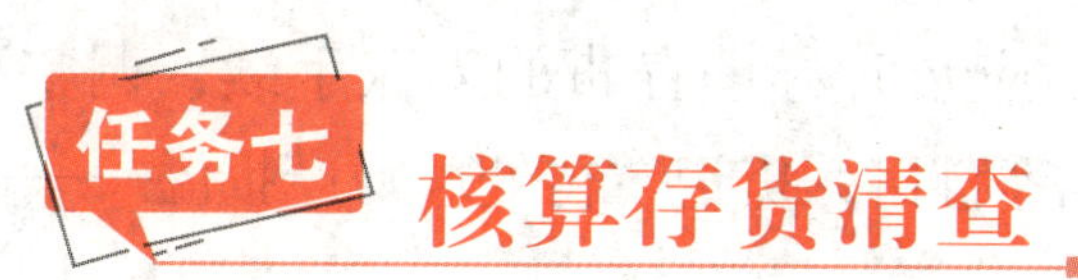

任务七 核算存货清查

夯实基础知识

一、存货清查的概念

存货清查是指通过对存货的实地盘点，确定存货的实存数量，并与账面结存数量核对，从而确定存货实存数与账面结存数是否相符的方法。

微课

存货的清查

二、存货清查的意义

存货清查的意义如下：

（1）查明存货的实存数量，确定实存数量与账面数量之间的差异。查明原因和责任，以便采取有效措施，改进工作，从而保证账实相符，提高会计资料的准确性。

（2）查明存货的保管情况是否良好，有无因管理不善造成霉烂、变质、损失浪费等情况，以便采取有效措施，改善管理，切实保障各项财产物资的安全完整。

三、核算存货清查应设置的会计科目

核算存货清查时应设置“待处理财产损溢”科目。“待处理财产损溢”科目属于资产类科目，用以核算企业在财产清查过程中查明的各种财产物资的盘盈、盘亏、毁损及其处理情况。本科目下设“待处理流动资产损溢”和“待处理非流动资产损溢”科目进行明细分类核算。

四、存货清查核算的内容

企业存货种类繁多，收发频繁，日常收发过程中计量计算错误、自然升溢或损耗时有发生，还可能因管理不善、自然灾害等原因发生贪污盗窃、变质毁损等情况，造成存货盘盈、盘亏。企业应及时填写“存货盘点报告单”，及时查明原因，按规定的程序报批处理。

1. 存货盘盈

存货盘盈是指存货的实存数量大于账面结存数量。

（1）存货盘盈时，应及时办理存货的入账手续，调整存货账簿记录，借记“原材料”“库存商品”等科目，贷记“待处理财产损溢——待处理流动资产损溢”科目。

（2）对于盘盈的存货，应及时查明原因，按管理权限报经批准处理，借记“待处理财产损溢——待处理流动资产损溢”科目，贷记“管理费用”科目。

2. 存货盘亏

存货盘亏是指存货的实存数量小于账面结存数量。

（1）存货盘亏时，应及时办理盘亏的确认手续，调整存货账簿记录，借记

"待处理财产损溢——待处理流动资产损溢"科目，贷记"原材料""库存商品"等科目。

（2）对于盘亏的存货，应及时查明原因，按管理权限报经批准处理，借记"其他应收款""管理费用""营业外支出"等科目，贷记"待处理财产损溢——待处理流动资产损溢"科目。

职业能力训练

一、职业分析能力训练

【分析思考】

［多项选择题］下列各项中，关于存货毁损报经批准后的会计处理表述中，正确的有（　　）。

A. 属于一般经营损失的部分，记入"营业外支出"科目

B. 属于过失人赔偿的部分，记入"其他应收款"科目

C. 入库的材料价值，记入"原材料"科目

D. 属于非常损失的部分，记入"管理费用"科目

二、职业实践能力训练

（一）业务描述

【业务1】在财产清查中盘盈A材料100千克，单位成本60元，经查属于材料收发计量方面的错误。

【业务2】在财产清查中发现毁损B材料30千克，单位成本100元，经查属于材料保管员的过失，按规定应由其个人赔偿2 000元，残料已办理入库手续，价值200元。

【业务3】因台风造成一批库存材料毁损，实际成本7 000元，根据保险责任范围及保险合同规定，应由保险公司赔偿70%。

（二）训练目标

能够根据发生的经济业务，熟练地进行存货清查的账务处理。

（三）训练内容

1. 请对表4-29中的账户进行解析。

表4-29

账户名称	类　别	借　方	贷　方	余　额	明细核算
待处理财产损溢					

2. 请根据业务描述在表 4-30 中编写各业务的会计分录。

表4-30

业务序号	会计分录
【业务1】	
【业务2】	
【业务3】	

财经知识拓展

【企业调研】

存货作为一项非常重要的流动资产，其管理水平是衡量企业是否具有竞争优势的重要标准。在会计实务中，企业是如何对种类繁多、收发频繁的存货进行清查的？请针对以下问题展开调查，撰写一篇简短的调研报告：

（1）企业常用的存货清查方法有哪些？

（2）企业存货盘盈、盘亏的处理流程是什么？

（3）企业是如何进行存货清查核算的？

思维导图

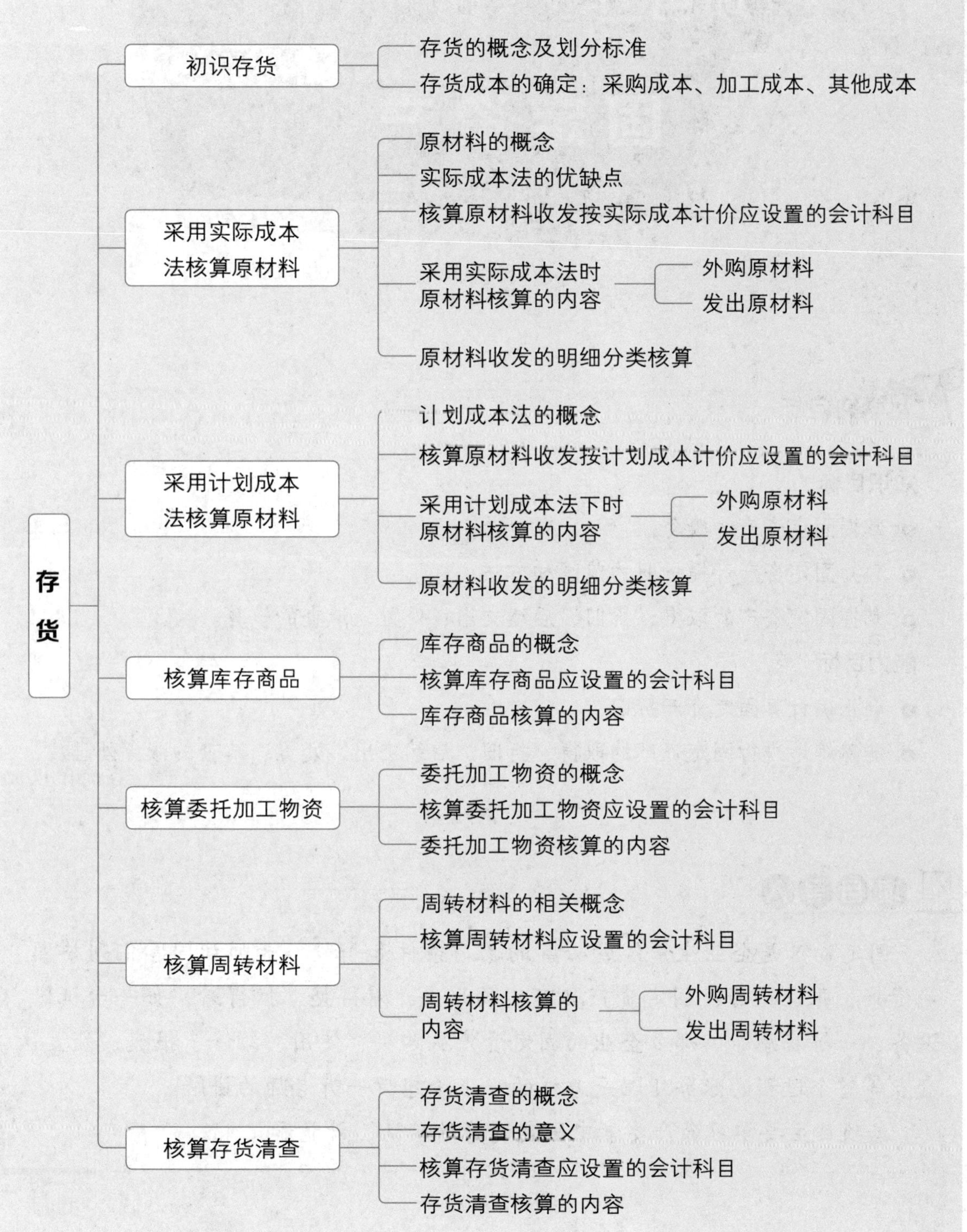
存货
初识存货
存货的概念及划分标准
存货成本的确定：采购成本、加工成本、其他成本
采用实际成本法核算原材料
原材料的概念
实际成本法的优缺点
核算原材料收发按实际成本计价应设置的会计科目
采用实际成本法时原材料核算的内容
外购原材料
发出原材料
原材料收发的明细分类核算
采用计划成本法核算原材料
计划成本法的概念
核算原材料收发按计划成本计价应设置的会计科目
采用计划成本法下时原材料核算的内容
外购原材料
发出原材料
原材料收发的明细分类核算
核算库存商品
库存商品的概念
核算库存商品应设置的会计科目
库存商品核算的内容
核算委托加工物资
委托加工物资的概念
核算委托加工物资应设置的会计科目
委托加工物资核算的内容
核算周转材料
周转材料的相关概念
核算周转材料应设置的会计科目
周转材料核算的内容
外购周转材料
发出周转材料
核算存货清查
存货清查的概念
存货清查的意义
核算存货清查应设置的会计科目
存货清查核算的内容

学习目标

知识目标

- 掌握固定资产的概念；
- 熟知固定资产计提折旧的范围和方法；
- 掌握固定资产的取得、折旧、后续支出、处置、清查的核算。

能力目标

- 会正确计算固定资产折旧；
- 能熟练地进行固定资产的取得、折旧、后续支出、处置、清查的账务处理。

项目导入

固定资产是企业生产经营必备的物质条件和手段。老师让同学们列举固定资产，张泽回答：固定资产具有实物形态，看得见，摸得着，如一台机器设备、一栋房屋等。那么企业的固定资产从购买、使用、维修、报废、处置、盘点等整个过程的账务处理是怎样的？张泽想听一听老师的讲解。

本项目主要学习资产要素中固定资产的确认、计量和记录。

任务一 初识固定资产

夯实基础知识

一、固定资产的概念

微课
固定资产

固定资产是指同时具有以下特征的有形资产：

（1）为生产商品、提供劳务、出租或经营管理而持有。

（2）使用寿命超过一个会计年度。

二、固定资产的分类

按固定资产的经济用途和使用情况等综合分类，企业的固定资产可以划分为以下七大类：

（1）生产经营用固定资产。生产经营用固定资产是指直接服务于企业生产、经营过程的各种固定资产。

（2）非生产经营用固定资产。非生产经营用固定资产是指不直接服务于生产、经营过程的各种固定资产。

（3）租出固定资产。租出固定资产是指企业在经营租赁方式下出租给外单位使用的固定资产。

（4）不需用固定资产。不需用固定资产是指本企业多余或不适用，需要调配处理的固定资产。

（5）未使用固定资产。未使用固定资产是指新建、新购尚未使用的固定资产。

（6）土地。土地是指过去已经估价单独入账的土地。因征地而支付的补偿费，应计入与土地有关的房屋、建筑物的价值内，不单独作为土地价值入账。企业取得的土地使用权应作为无形资产管理和核算。

（7）融资租入固定资产。融资租入固定资产是指企业除短期租赁和低价值资产租赁租入的固定资产，该资产在租赁期内，应作为使用权资产进行核算与管理。

职业能力训练

【分析思考】

1. 固定资产与低值易耗品有什么区别？

____

____

2. 融资租入固定资产视作企业的资产进行管理，体现了哪个会计信息质量要求？

____

____

任务二 核算固定资产的取得

夯实基础知识

一、核算固定资产的取得应设置的会计科目

核算固定资产的取得应设置“固定资产”“在建工程”“工程物资”科目。

1.“固定资产”科目

“固定资产”科目属于资产类科目，用以核算企业固定资产原价的增减变动和结存情况。本科目可按固定资产的类别进行明细分类核算。

2.“在建工程”科目

“在建工程”科目属于资产类科目，用以核算企业基建、更新改造等在建工程发生的支出。本科目可按在建工程的类别进行明细分类核算。

3.“工程物资”科目

“工程物资”科目属于资产类科目，用以核算企业为在建工程准备的各种物资的成本。本科目可按工程物资的类别进行明细分类核算。

二、外购固定资产的核算

企业外购的固定资产，应按实际支付的购买价款、相关税费、使固定资产达到预定可使用状态前所发生的可归属于该项资产的运输费、装卸费、安装费和专业人员服务费等，作为固定资产的取得成本。

1. 购入不需要安装的固定资产

按固定资产的取得成本，借记“固定资产”“应交税费——应交增值税（进项税额）”科目，贷记“银行存款”等科目。

2. 购入需要安装的固定资产

（1）购入固定资产时，应当借记“在建工程”“应交税费——应交增值税（进项税额）”科目，贷记“银行存款”等科目。

（2）发生安装调试费用时，应当借记“在建工程”“应交税费——应交增值税（进项税额）”科目，贷记“银行存款”等科目。

（3）耗用了本单位原材料或人工的，应当借记“在建工程”科目，贷记“原材料”“应付职工薪酬”等科目。

（4）安装完成达到预定可使用状态时，应当借记“固定资产”科目，贷记“在建工程”科目。

3. 以一笔款项购入多项没有单独标价的固定资产

以一笔款项购入多项没有单独标价的固定资产，应当按照各项固定资产公允价值的比例对总成本进行分配，分别确定各项固定资产的成本。

【例 5–1】2021 年 4 月 1 日，甲公司从乙公司一次购进了三套不同型号且具有不同生产能力的设备 A、B 和 C。甲公司为该批设备共支付货款为 7 800 000 元，增值税税额为 1 014 000 元，款项以银行存款支付。假定设备 A、B 和 C 分别满足固定资产的定义及确认条件，公允价值分别为 2 926 000 元、3 594 800 元、1 839 200 元。假设不考虑其他相关税费，甲公司的账务处理如下：

（1）确定应计入固定资产成本的金额。

固定资产成本＝7 800 000（元）

（2）确定设备 A、B、C 的价值分配比例。

A 设备应分配固定资产价值的比例＝2 926 000÷（2 926 000+3 594 800+1 839 200）＝35%

B 设备应分配固定资产价值的比例＝3 594 800÷（2 926 000+3 594 800+1 839 200）＝43%

C 设备应分配固定资产价值的比例＝1 839 200÷（2 926 000+3 594 800+1 839 200）＝22%

（3）确定 A、B、C 设备各自的入账价值。

A 设备的入账价值 = 7 800 000 × 35% = 2 730 000（元）

B 设备的入账价值 = 7 800 000 × 43% = 3 354 000（元）

C 设备的入账价值 = 7 800 000 × 22% = 1 716 000（元）

（4）做相关会计分录。

借：固定资产——A 设备　　2 730 000
　　　　　　——B 设备　　3 354 000
　　　　　　——C 设备　　1 716 000
　　应交税费——应交增值税（进项税额）　　1 014 000
　贷：银行存款　　8 814 000

三、建造固定资产的核算

企业自行建造固定资产，应当按照建造该项资产达到预定可使用状态前所发生的必要支出，作为固定资产的成本。

微课
自营方式建造固定资产的核算

1. 以自营方式建造的固定资产

（1）购入工程用专项物资时，应当借记“工程物资”“应交税费——应交增值税（进项税额）”科目，贷记“银行存款”等科目。

（2）工程领用工程物资时，应当借记“在建工程”科目，贷记“工程物资”科目。

（3）工程领用本单位生产的产品时，应当借记“在建工程”科目，贷记“库存商品”科目。

（4）工程领用本单位外购的原材料时，应当借记“在建工程”科目，贷记“原材料”科目。

（5）分配工程人员薪酬时，应当借记“在建工程”科目，贷记“应付职工薪酬”科目。

（6）用银行存款支付工程有关费用时，应当借记“在建工程”科目，贷记“银行存款”科目。

（7）工程完工并达到预定可使用状态时，应当借记“固定资产”科目，贷记“在建工程”科目。

2. 以出包方式建造的固定资产

（1）企业支付给建造承包商工程的价款，应当借记“在建工程”“应交税费——应交增值税（进项税额）”科目，贷记“银行存款”等科目。

（2）工程完工并达到预定可使用状态时，应当借记“固定资产”科目，贷记“在建工程”科目。

四、核算接受投资者投入的固定资产

核算接受投资者投入的固定资产，应当按照投资合同或协议约定的价值确定，但合同或协议约定价值不公允的除外。此时应当借记“固定资产”“应交税费——应交增值税（进项税额）”科目，贷记“实收资本”等科目。

职业能力训练

一、职业分析能力训练

【分析思考】

1.［单项选择题］购入一台需要安装的生产经营用设备，取得的增值税专用发票上注明的设备价款为 50 000 元（不含税），增值税税额为 6 500 元，支付的运输费为1 500元（不含税），设备安装时领用工程用材料价值1 000元（不含税），购进该批工程用材料的增值税为 130 元。根据税法的相关规定，与该固定资产有关的增值税可以抵扣，则该固定资产的成本为（　　）元。

A. 52 500　　B. 60 000　　C. 61 000　　D. 52 660

2.［多项选择题］在采用自营方式建造固定资产的情况下，下列项目中应当计入固定资产成本的有（　　）。

A. 工程耗用原材料

B. 工程人员的工资

C. 工程领用本企业产品的实际成本

D. 企业行政管理部门为组织和管理生产经营活动而发生的费用

二、职业实践能力训练

（一）业务描述

【业务 1】购入不需要安装的设备 1 台，增值税专用发票上注明的设备价款为 47 000 元，增值税税额为 6 110 元；运费为 500 元，增值税税额为 45 元。款项均以银行存款支付。

【业务 2】购入需要安装的设备 1 台，取得的增值税专用发票上注明的设备价款为 64 000 元，增值税税额为 8 320 元；支付安装费并取得增值税专用发票，注明安装费为 3 000 元，增值税税额为 270 元。款项均以银行存款支付。设备安装完毕并达到预定可使用状态。

【业务 3】购买货车 1 辆，增值税专用发票上注明的价款为 145 800 元，增值税税额为 18 954 元。支付车辆购置税为 14 580 元。款项均以银行存款支付。

【业务 4】甲公司因生产需要，决定以自营方式建造 1 间材料仓库。相关资料如下：

（1）购入工程用专项物资，增值税专用发票上注明的价款为 200 000 元，增值税税额为 26 000 元，该批专项物资已验收入库，款项用银行存款付讫。

（2）领用上述工程专项物资，用于建造仓库。

（3）领用一批本单位生产的水泥用于工程建设，该批水泥成本为 20 000 元。

（4）领用一批本单位外购的原材料用于工程建设，原材料实际成本为 10 000 元。

（5）应付工程人员工资 60 000 元，用银行存款支付工程其他费用 10 000 元。

（6）该仓库完工并达到预定可使用状态。

（二）训练目标

能够根据发生的经济业务，熟练地进行固定资产取得的账务处理。

（三）训练内容

1. 请对表 5-1 中的账户进行解析。

表5-1

账户名称	类　别	借　方	贷　方	余　额	明细核算
固定资产					
在建工程					
工程物资					

2. 请在表 5-2 中计算固定资产入账价值。

表5-2

业务序号	计　　算
【业务1】	固定资产入账价值 =
【业务2】	固定资产入账价值 =
【业务3】	固定资产入账价值 =
【业务4】	固定资产入账价值 =

3. 请根据业务描述在表 5-3 中编写各业务的会计分录。

表5-3

业务序号	会计分录
【业务1】	
【业务2】	
【业务3】	
【业务4】	（1）购入工程用专项物资 （2）领用工程用专项物资

续表

业务序号	会计分录
【业务4】	（3）领用本单位生产的产品 （4）领用本单位外购的原材料 （5）应付工程人员工资，支付工程其他费用 （6）仓库完工并达到预定可使用状态

财经知识拓展

中华人民共和国车辆购置税法

（2018 年 12 月 29 日第十三届全国人民代表大会常务委员会第七次会议通过）

第一条　在中华人民共和国境内购置汽车、有轨电车、汽车挂车、排气量超过一百五十毫升的摩托车（以下统称应税车辆）的单位和个人，为车辆购置税的纳税人，应当依照本法规定缴纳车辆购置税。

第二条　本法所称购置，是指以购买、进口、自产、受赠、获奖或者其他方式取得并自用应税车辆的行为。

第三条　车辆购置税实行一次性征收。购置已征车辆购置税的车辆，不再征收车辆购置税。

第四条　车辆购置税的税率为百分之十。

第五条　车辆购置税的应纳税额按照应税车辆的计税价格乘以税率计算。

第六条　应税车辆的计税价格，按照下列规定确定：

（一）纳税人购买自用应税车辆的计税价格，为纳税人实际支付给销售者的全部价款，不包括增值税税款；

（二）纳税人进口自用应税车辆的计税价格，为关税完税价格加上关税和消费税；

（三）纳税人自产自用应税车辆的计税价格，按照纳税人生产的同类应税车辆的销售价格确定，不包括增值税税款；

（四）纳税人以受赠、获奖或者其他方式取得自用应税车辆的计税价格，按照购置应税车辆时相关凭证载明的价格确定，不包括增值税税款。

第七条　纳税人申报的应税车辆计税价格明显偏低，又无正当理由的，由税务机关依照《中华人民共和国税收征收管理法》的规定核定其应纳税额。

第八条　纳税人以外汇结算应税车辆价款的，按照申报纳税之日的人民币汇率中间价折合成人民币计算缴纳税款。

第九条　下列车辆免征车辆购置税：

（一）依照法律规定应当予以免税的外国驻华使馆、领事馆和国际组织驻华机构及其有关人员自用的车辆；

（二）中国人民解放军和中国人民武装警察部队列入装备订货计划的车辆；

（三）悬挂应急救援专用号牌的国家综合性消防救援车辆；

（四）设有固定装置的非运输专用作业车辆；

（五）城市公交企业购置的公共汽电车辆。

根据国民经济和社会发展的需要，国务院可以规定减征或者其他免征车辆购置税的情形，报全国人民代表大会常务委员会备案。

第十条　车辆购置税由税务机关负责征收。

第十一条　纳税人购置应税车辆，应当向车辆登记地的主管税务机关申报缴纳车辆购置税；购置不需要办理车辆登记的应税车辆的，应当向纳税人所在地的主管税务机关申报缴纳车辆购置税。

第十二条　车辆购置税的纳税义务发生时间为纳税人购置应税车辆的当日。纳税人应当自纳税义务发生之日起六十日内申报缴纳车辆购置税。

第十三条　纳税人应当在向公安机关交通管理部门办理车辆注册登记前，缴纳车辆购置税。

公安机关交通管理部门办理车辆注册登记，应当根据税务机关提供的应税车辆完税或者免税电子信息对纳税人申请登记的车辆信息进行核对，核对无误后依法办理车辆注册登记。

第十四条　免税、减税车辆因转让、改变用途等原因不再属于免税、减税范围的，纳税人应当在办理车辆转移登记或者变更登记前缴纳车辆购置税。计税价格以免税、减税车辆初次办理纳税申报时确定的计税价格为基准，每满一年扣减百分之十。

第十五条　纳税人将已征车辆购置税的车辆退回车辆生产企业或者销售企业的，可以向主管税务机关申请退还车辆购置税。退税额以已缴税款为基准，自缴纳税款之日至申请退税之日，每满一年扣减百分之十。

第十六条　税务机关和公安、商务、海关、工业和信息化等部门应当建立应税车辆信息共享和工作配合机制，及时交换应税车辆和纳税信息资料。

第十七条　车辆购置税的征收管理，依照本法和《中华人民共和国税收征收管理法》的规定执行。

第十八条　纳税人、税务机关及其工作人员违反本法规定的，依照《中华人民共和国税收征收管理法》和有关法律法规的规定追究法律责任。

第十九条　本法自2019年7月1日起施行。2000年10月22日国务院公布的《中华人民共和国车辆购置税暂行条例》同时废止。

资料来源：中国人大网 http://www.npc.gov.cn/zgrdw/npc/lfzt/rlyw/node_35135.htm。

【小组讨论】

（1）哪些车辆征收车辆购置税？哪些车辆免征车辆购置税？

（2）车辆购置税税率是多少？

（3）企业缴纳的车辆购置税应如何进行账务处理？

任务三　核算固定资产的折旧

夯实基础知识

一、固定资产折旧概述

折旧是指在固定资产使用寿命内，按照确定的方法对应计折旧额进行系统分摊。应计折旧额是指应当计提折旧的固定资产原价扣除其预计净残值后的金额。已计提减值准备的固定资产，还应当扣除已计提的固定资产减值准备累计金额。

固定资产原价是指固定资产的初始成本。

预计净残值是指假定固定资产预计使用寿命已满并处于使用寿命终了时的预期状态，企业目前从该项资产处置中获得的扣除预计处置费用后的金额。预计净残值率是指固定资产预计净残值额占其原价的比率。

固定资产预计使用寿命即固定资产预计的使用期限。企业应当根据固定资产的性质和使用情况，合理确定固定资产的使用寿命。企业确定固定资产使用寿命，应当考虑下列因素：

（1）预计生产能力或实物产量。

（2）预计有形损耗和无形损耗。

（3）法律或者类似规定对资产使用的限制。

二、固定资产折旧的范围

微课

固定资产折旧计提的范围

（1）除以下情况外，企业应当对所有固定资产计提折旧：

① 已提足折旧仍继续使用的固定资产。

② 单独估价作为固定资产入账的土地。

（2）在确定计提折旧的范围时，还应注意以下几点：

① 固定资产应当按月计提折旧，当月增加的固定资产，当月不计提折旧，从下月起计提折旧；当月减少的固定资产，当月仍计提折旧，从下月起不计提折旧。

② 固定资产提足折旧后，不管能否继续使用，均不再计提折旧。

③ 提前报废的固定资产，也不再补提折旧。

④ 企业以融资租赁方式租入的固定资产和以经营租赁方式租出的固定资产，应当计提折旧。

⑤ 已达到预定可使用状态但尚未办理竣工决算的固定资产，应当按照估计价值确定其成本，并计提折旧。待办理竣工决算后，再按照实际成本调整原来的暂估价值，但不需要调整原来已经计提的折旧额。

三、固定资产折旧的方法

企业应当根据与固定资产有关的经济利益的预期实现方式，合理选择固定资产折旧的方法。可选用的折旧方法包括年限平均法、工作量法、双倍余额递减法和年数总和法等。固定资产的折旧方法一经确定，除满足变更条件外，不得随意变更。

（一）年限平均法

1. 年限平均法的定义

年限平均法是将固定资产的应计折旧额均衡地分摊到固定资产预计使用寿命内的一种方法。采用这种方法计算的每期折旧额是相等的。

2. 计算公式

年限平均法的计算公式为

年折旧率 =（1– 预计净残值率）/ 预计使用寿命（年）×100%

月折旧率 = 年折旧率 /12

月折旧额 = 固定资产原价 × 月折旧率

（二）工作量法

1. 工作量法的定义

工作量法是指根据实际完成的工作量计算固定资产折旧额的一种方法。

2. 计算公式

工作量法的计算公式为

单位工作量折旧额 =［固定资产原价 ×（1– 预计净残值率）］/ 预计总工作量

某项固定资产月折旧额 = 该项固定资产当月工作量 × 单位工作量折旧额

（三）双倍余额递减法

1. 双倍余额递减法的定义

双倍余额递减法是指在不考虑固定资产预计净残值的情况下，根据每期期初固定资产的原值减去累计折旧后的余额，以及双倍的直线法折旧率计算固定资产折旧额的一种方法。

2. 计算公式

双倍余额递减法的计算公式为

年折旧率 = 2/ 预计使用寿命（年）×100%

年折旧额 = 每个折旧年度年初固定资产账面净值 × 年折旧率

月折旧额 = 年折旧额 /12

注：每个折旧年度是指“以固定资产开始计提折旧的月份为开始计算的 1 个年度期间”，如企业 2 月取得某项固定资产，其折旧年度为“从 3 月至第二年 2 月的期间”。

实行双倍余额递减法计提折旧的固定资产，一般应在固定资产折旧年限到期前两年内，将固定资产账面净值扣除预计净残值后的余额平均摊销。

（四）年数总和法

1. 年数总和法的定义

年数总和法是将固定资产的原价减去预计净残值后的余额，乘以一个逐年递减的分数计算每年折旧额的一种方法。

2. 计算公式

年数总和法的计算公式为

年折旧率＝尚可使用年限/预计使用寿命的年数总和 ×100%

年折旧额＝（固定资产原价－预计净残值）× 年折旧率

月折旧额＝年折旧额/12

四、核算固定资产折旧应设置的会计科目

核算固定资产折旧应设置“累计折旧”科目。“累计折旧”科目属于资产类科目，用来核算企业固定资产折旧的计提及转出情况，属于“固定资产”科目的调整科目。本科目可按固定资产的类别或项目进行明细分类核算。

五、固定资产折旧核算的内容

企业的固定资产应当按月计提折旧，并根据用途分别计入相关资产的成本或者当期损益，借记“制造费用”“销售费用”“管理费用”“其他业务成本”等科目，贷记“累计折旧”科目。

职业能力训练

一、职业分析能力训练

【分析思考】

1. 年限平均法与工作量法在计算折旧额时有什么区别？

____

____

2. 双倍余额递减法与年数总和法在计算折旧额时有什么区别？

____

____

3.［多项选择题］影响固定资产折旧金额的因素主要有（　　）。

A. 固定资产原价　　B. 固定资产减值准备

C. 固定资产使用寿命　　D. 固定资产预计净残值

4.［多项选择题］下列固定资产中，不计提折旧的有（　　）。

A. 单独估价入账的土地　　B. 当月减少的固定资产

C. 未提足折旧提前报废的固定资产　　D. 短期租入的固定资产

5.［判断题］企业生产车间以经营租赁方式将一台固定资产租给某单位使用，该固定资产的所有权尚未转移。企业对该固定资产仍应计提折旧，计提折旧时应记入“制造费用”账户。（　　）

二、职业实践能力训练

（一）业务描述

【业务 1】2020 年 12 月初，某固定资产原值为 5 484 000 元，其中房屋建筑物类原值为 2 984 000 元，机器设备类原值为 2 500 000 元。本月增加设备 1 台，原值为 100 000 元。假设房屋建筑物类预计使用年限 20 年，预计净残值为 200 000 元；机器设备类预计使用年限 10 年，预计净残值率为 4%。固定资产均采用年限平均法计提折旧。

【业务 2】1 辆运货卡车原值为 60 000 元，预计总行驶里程为 500 000 千米，预计报废时的净残值率为 5%，本月行驶 4 000 千米。按工作量法计提折旧。

【业务 3】一项固定资产原值为 100 000 元，预计使用年限为 5 年，预计净残值为 4 000 元。按双倍余额递减法计提折旧。

【业务 4】一项固定资产原值为 100 000 元，预计使用年限为 5 年，预计净残值为 4 000 元。按年数总和法计提折旧。

【业务 5】计提本月固定资产折旧，其中一车间 4 000 元，二车间 6 000 元，经营租出部门 1 000 元，厂部管理部门 3 000 元。

（二）训练目标

能够根据发生的经济业务，熟练地进行固定资产折旧的账务处理。

（三）训练内容

1. 请对表 5-4 中的账户进行解析。

表5-4

账户名称	类　别	借　方	贷　方	余　额	明细核算
累计折旧					

2. 根据业务 1 提供的资料填写固定资产折旧计算表（见表 5-5）。

表5-5　固定资产折旧计算表

单位：元

业务序号	固定资产类别	期初原值	本月增加原值	本月应提折旧额
【业务1】	房屋建筑物			
	机器设备			
	合计			

3. 根据业务 2 提供的资料在表 5-6 中计算固定资产折旧。

表5-6

业务序号	计　算
【业务2】	单位工作量折旧额＝ 固定资产月折旧额＝

4. 根据业务 3 提供的资料在表 5-7 中计算固定资产折旧。

表5-7

业务序号	计　算
【业务3】	年折旧率＝
	第1年应提的折旧额＝
	第2年应提的折旧额＝

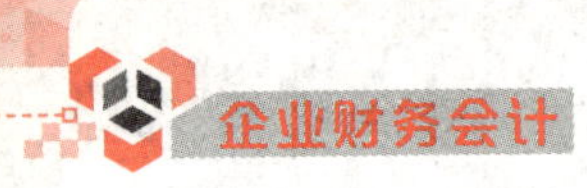

续表

业务序号	计　算
【业务3】	第3年应提的折旧额＝
	从第4年起改用年限平均法计提折旧： 第4年应提的折旧额＝ 第5年应提的折旧额＝
	每年各月折旧额根据年折旧额除以12计算

5. 根据业务 4 提供的资料在表 5-8 中计算固定资产折旧。

表5-8

业务序号	计　算
【业务4】	第1年应提的折旧额＝
	第2年应提的折旧额＝
	第3年应提的折旧额＝
	第4年应提的折旧额＝
	第5年应提的折旧额＝
	每年各月折旧额根据年折旧额除以12计算

6. 根据业务 5 提供的资料在表 5-9 中编写会计分录。

表5-9

业务序号	会计分录
【业务5】	

德育园地

【资料 1】

财政部、国家税务总局印发《关于扩大固定资产加速折旧优惠政策适用范围的公告》（以下简称《公告》），明确自 2019 年 1 月 1 日起，适用《财政部 国家税务总局关于完善固定资产加速折旧企业所得税政策的通知》和《财政部 国家税务总局关于进一步完善固定资产加速折旧企业所得税政策的通知》规定固定资产加速折旧优惠的行业范围，扩大至全部制造业领域。

《公告》称，本《公告》发布前，制造业企业未享受固定资产加速折旧优惠的，可自本《公告》发布后在月（季）度预缴申报时享受优惠或在 2019 年度汇算清缴时享受优惠。

有专家分析：《公告》将固定资产加速折旧的优惠政策适用范围由原来的部分行业扩大至所有的制造业，该项政策将有利于促进制造业的发展。一方面，由于折旧的年限缩短了，因此企业购进固定资产当期企业所得税允许扣除的金额增大了，可以减轻企业的当期税收负担；另一方面，由于制造业有大量购进生产设备的需求，固定资产加速折旧的税收激励将促进企业加快设备的更新，有利于制造业的转型、升级，以适应于我国产业结构及经济结构的调整。

【资料 2】

创新是经济发展的动力，通过减税激励企业创新，强化企业创新主体地位，有助于保持创新的原动力并实现创新的快速转化。面向创新，我国长期以来实行了高新技术企业低税率、研发费用加计扣除和固定资

产加速折旧等多项政策。企业活则经济活，企业优则经济优。企业队伍的扩大和经营效益的提升，有利于中国经济基本面持续向好和发展质量的不断优化，实现经济发展和保证就业的目标。

资料来源：国家税务总局 http://www.chinatax.gov.cn/n810219/n810744/n4016641/n4016661/c4315734/content.html。

学习讨论

（1）你是否理解折旧方法对企业的影响？

（2）结合以上财政政策谈一谈你的感想。

任务四 核算固定资产的后续支出

夯实基础知识

一、固定资产后续支出的概念

固定资产的后续支出是指企业为了维护或提高固定资产的使用效能，而对固定资产进行维护、改建、扩建或者改良所发生的开支，如生产设备的日常维修、定期大修，房屋进行装修等。

二、固定资产后续支出的处理原则

后续支出满足固定资产确认条件的，按资本化的后续支出处理；后续支出不能满足固定资产确认条件的，按费用化的后续支出处理。

1. 资本化的后续支出

企业通过对厂房进行改建、扩建而使其更加坚固耐用，延长了厂房等固定资产的使用寿命；企业通过对设备的改建，提高了在其单位时间内产品的产出数量，提高了机器设备等固定资产的生产能力；企业通过对生产线的改良，促使其大大降低了产品的成本，提高了企业产品的价格竞争力等，企业应将这些后续支出予以资本化，计入固定资产成本。

2. 费用化的后续支出

固定资产的日常修理，只是为了确保固定资产的正常工作状况，这类维修一般范围较小，间隔时间较短，一次修理费用较少，不能改变固定资产的性能，不能增加固定资产的未来经济利益，不符合固定资产的确认条件，企业应将这些后续支出予以费用化，计入发生当期的损益。

三、固定资产后续支出核算的内容

1. 资本化的后续支出核算的内容

（1）在对固定资产发生可资本化的后续支出时，企业应将该固定资产的原价、已计提的折旧和固定资产减值准备转销，将固定资产的账面价值转入在建工程，借记“在建工程”“累计折旧”“固定资产减值准备”等科目，贷记“固定资产”科目。

（2）发生资本化的后续支出时，应借记“在建工程”等科目，贷记“银行存款”“原材料”“应付职工薪酬”等科目。

（3）发生后续支出的固定资产达到预定可使用状态，借记“固定资产”科目，贷记“在建工程”科目。

2. 费用化的后续支出核算的内容

固定资产发生费用化的后续支出，借记“管理费用”“销售费用”“应交税费——应交增值税（进项税额）”等科目，贷记“银行存款”等科目。

职业能力训练

一、职业分析能力训练

【分析思考】

［单项选择题］下列关于固定资产后续支出的说法中，正确的是（　　）。

A. 固定资产的后续支出，均应当计入固定资产成本

B. 固定资产的更新改造中，如有被替换的部分，应同时将被替换部分的账面余额从该固定资产原账面价值中扣除

C. 企业行政管理部门发生的不可资本化的固定资产日常修理费用，计入制造费用

D. 企业专设销售机构发生的不可资本化的后续支出，计入销售费用

二、职业实践能力训练

（一）业务描述

【业务 1】甲公司签发转账支票支付汽车修理费，增值税专用发票上注明修理费为 4 000 元，增值税税额为 520 元。

【业务 2】甲公司有关业务资料如下：

（1）2015 年 12 月 31 日，公司自行建成了一条产品生产线，建造成本为 568 000 元，采用年限平均法计提折旧，预计净残值率为 3%，预计使用年限为 5 年。

（2）2018 年 1 月 1 日，公司决定对现有的产品生产线进行改扩建，以提高其生产能力。2018 年 1 月 1 日至 3 月 31 日，经过 3 个月的改扩建，公司完成了对这条生产线的改扩建工程，共发生支出 268 900 元，全部以银行存款支付。

（3）该生产线改扩建工程达到预定可使用状态后，大大提高了生产能力，预计使用年限延长了 4 年。不考虑其他相关税费。

（二）训练目标

能够根据发生的经济业务，熟练地进行固定资产后续支出的账务处理。

（三）训练内容

请根据业务描述在表 5-10 中编写各业务的会计分录。

表5-10

业务序号	区分费用化后续支出与资本化后续支出	会计分录
【业务1】		
【业务2】		（1）计算改扩建前已提折旧 （2）计算改扩建时固定资产账面价值

续表

业务序号	区分费用化后续支出与资本化后续支出	会计分录
【业务2】		（3）产品生产线转入改扩建 （4）发生后续支出 （5）生产线改扩建工程达到预定可使用状态

任务五 核算固定资产的处置

夯实基础知识

一、固定资产处置的概念

企业在生产经营的过程中，可能将不适用或不需用的固定资产对外出售转让，或因过度磨损、技术进步等原因对固定资产进行报废，或因遭受自然灾害而对毁损的固定资产进行处理，以及将固定资产进行对外投资、非货币性资产交换、债务重组等，上述事项都属于固定资产处置。

二、核算固定资产处置应设置的会计科目

核算固定资产处置应设置“固定资产清理”“资产处置损益”科目。

1.“固定资产清理”科目

“固定资产清理”科目属于资产类科目，用来核算企业因出售、报废、毁损、对外投资、非货币性资产交换、债务重组等原因转入清理的固定资产价值，以及

在清理过程中发生的清理费用和清理收益等。本科目可按转入清理的固定资产进行明细分类核算。

2.“资产处置损益”科目

“资产处置损益”科目属于损益类科目，用来核算固定资产、无形资产等因出售、转让等原因产生的处置利得或损失。

三、固定资产处置核算的内容

下面以固定资产的出售、报废、毁损为例。

微课

固定资产出售、报废、毁损的核算

1. 将固定资产的账面价值转入固定资产清理

将固定资产的账面价值转入固定资产清理时，应当借记“固定资产清理”“累计折旧”“固定资产减值准备”等科目，贷记“固定资产”科目。

2. 清理过程中收回残料

在清理过程中收回残料时，应当借记“原材料”等科目，贷记“固定资产清理”科目。

微课

固定资产毁损和改扩建的处理

3. 清理过程中收到出售价款

在清理过程中收到出售价款时，应当借记“银行存款”等科目，贷记“固定资产清理”“应交税费——应交增值税（销项税额）”等科目。

4. 结算清理费用

结算清理费用时，应当借记“固定资产清理”“应交税费——应交增值税（进项税额）”科目，贷记“银行存款”等科目。

5. 确认责任单位（或个人）的赔偿损失

确认责任单位（或个人）的赔偿损失时，借记“其他应收款”“银行存款”等科目，贷记“固定资产清理”科目。

6. 清理完毕，确认清理的净损益

（1）因出售、转让固定资产等原因产生的净损益，应计入资产处置损益。确认清理的净损失，借记“资产处置损益”科目，贷记“固定资产清理”科目；确认清理的净收益，借记“固定资产清理”科目，贷记“资产处置损益”科目。

（2）因固定资产已丧失使用功能或因自然灾害发生毁损等原因产生的净损益，应计入营业外收支。确认清理的净损失，借记“营业外支出”科目，贷记“固定资产清理”科目；确认清理的净收益，借记“固定资产清理”科目，贷记“营业外收入”科目。

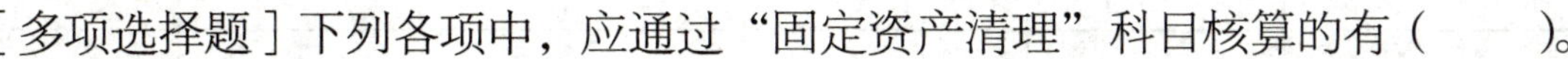

职业能力训练

一、职业分析能力训练

【分析思考】

[多项选择题]下列各项中，应通过“固定资产清理”科目核算的有（　　）。

A. 固定资产盘亏的账面价值

B. 固定资产更新改造的支出

C. 固定资产出售的账面价值

D. 固定资产毁损的净损失

二、职业实践能力训练

（一）业务描述

【业务1】某企业因遭受水灾毁损一座仓库，该仓库原价为4 000 000元，已计提折旧为1 000 000元，未计提减值准备。其残料估计价值为50 000元，残料已办理入库手续。发生清理费用20 000元，增值税税额为1 200元，以银行存款支付。经保险公司核定应赔偿损失1 500 000元，尚未收到赔款。假定不考虑其他相关税费，请结转清理损益。

【业务2】生产车间1台机器因无法正常使用且维修费用过高，所以提前报废。其原始价值为205 000元，已提折旧为59 040元。收到该机器变卖收入，增值税专用发票上注明的价款为20 000元，增值税税额为2 600元，款项已存入银行，请结转清理损益。

【业务3】出售1辆运输货车，其原始价值为100 000元，已提折旧为25 000元。收到出售收入，增值税专用发票上注明的价款为40 000元，增值税税额为5 200元，款项已存入银行。请结转清理损益。

（二）训练目标

能够根据发生的经济业务，熟练地进行固定资产清理的账务处理。

（三）训练内容

1. 请对表5-11中的账户进行解析。

表5-11

账户名称	类　别	借　方	贷　方	余　额	明细核算
固定资产清理					
资产处置损益					

2. 请根据业务描述在表 5-12 中编写各业务的会计分录。

表5-12

业务序号	会计分录
【业务1】	
【业务2】	
【业务3】	

任务六 核算固定资产清查

夯实基础知识

一、固定资产清查的方法

企业于每年编制年度会计报告前，应当对固定资产进行全面清查。平时，可根据需要组织局部清查或抽查。固定资产清查一般采用实地盘点法。

固定资产是一种单位价值较高、使用期限较长的有形资产。因此，对于管理规范的企业而言，固定资产盘盈、盘亏的情况较为少见。对于盘盈、盘亏的固定资产，应及时查明原因，按规定处理。

二、核算固定资产清查应设置的会计科目

核算固定资产清查时应设置“待处理财产损溢”“以前年度损益调整”科目。

1.“待处理财产损溢”科目

“待处理财产损溢”科目属于资产类科目，用来核算企业在财产清查过程中查明的各种财产物资的盘盈、盘亏、毁损及其处理情况。本科目下设“待处理流动资产损溢”和“待处理非流动资产损溢”两个二级科目进行明细分类核算。

2.“以前年度损益调整”科目

“以前年度损益调整”科目属于损益类科目，用来核算企业本年度发生的调整以前年度损益的事项，以及本年度发现的重要前期差错更正涉及调整以前年度损益的事项。

三、固定资产清查核算的内容

1. 固定资产盘盈

固定资产盘盈是指固定资产的实存数大于账面结存数量。

（1）固定资产盘盈时，应按重置成本确定其入账价值，调整固定资产账簿记录，借记“固定资产”科目，贷记“以前年度损益调整”科目。

（2）由于以前年度损益调整而增加的所得税费用，应借记“以前年度损益调整”科目，贷记“应交税费——应交所得税”科目。

（3）将“以前年度损益调整”科目余额转入留存收益时，应借记“以前年度损益调整”科目，贷记“盈余公积”“利润分配”等科目。

2. 固定资产盘亏

固定资产盘亏是指固定资产的实存数小于账面结存数量。

（1）固定资产盘亏时，应及时办理盘亏的确认手续，调整固定资产账簿记录，借记“待处理财产损溢——待处理非流动资产损溢”“累计折旧”“固定资产减值准备”等科目，贷记“固定资产”科目。

（2）对于盘亏的固定资产，应及时查明原因，按管理权限报经批准处理，借记“其他应收款”“营业外支出”等科目，贷记“待处理财产损溢——待处理非流动资产损溢”科目。

职业能力训练

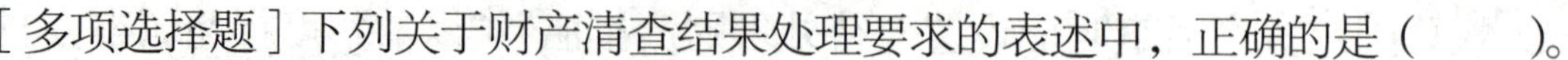

一、职业分析能力训练

【分析思考】

[多项选择题] 下列关于财产清查结果处理要求的表述中，正确的是（　　）。

A. 及时调整账簿记录，保证账实相符

B. 积极处理多余积压财产，清理往来款项

C. 总结经验教训，建立和健全各项管理制度

D. 分析产生差异的原因和性质，并提出处理建议

二、职业实践能力训练

（一）业务描述

【业务 1】某企业在财产清查中发现短缺 1 台笔记本电脑，原价为 10 000 元，已计提折旧 7 000 元，购入时增值税税额为 1 300 元。

【业务 2】某企业在财产清查中发现 1 台未入账的设备，其重置成本为 60 000 元。

（二）训练目标

能够根据发生的经济业务，熟练地进行固定资产清查的账务处理。

（三）训练内容

1. 请对表 5-13 中的账户进行解析。

表5-13

账户名称	类　别	借　方	贷　方	余　额	明细核算
以前年度损益调整					

2. 请根据业务描述在表 5-14 中编写各业务的会计分录。

表5-14

业务序号	会计分录
【业务1】	

续表

业务序号	会计分录
【业务2】	

思维导图

- 固定资产
  - 初识固定资产
    - 固定资产的概念
    - 固定资产的分类
  - 核算固定资产的取得
    - 核算固定资产的取得应设置的会计科目
    - 外购固定资产的核算
    - 建造固定资产的核算
    - 核算接受投资者投入的固定资产
  - 核算固定资产的折旧
    - 固定资产折旧概述
    - 固定资产折旧的范围
    - 固定资产折旧的方法
      - 年限平均法
      - 工作量法
      - 双倍余额递减法
      - 年数总和法
    - 核算固定资产折旧应设置的会计科目
    - 固定资产折旧核算的内容
  - 核算固定资产的后续支出
    - 固定资产后续支出的概念
    - 固定资产后续支出的处理原则
    - 固定资产后续支出核算的内容
  - 核算固定资产的处置
    - 固定资产处置的概念
    - 核算固定资产处置应设置的会计科目
    - 固定资产处置核算的内容
  - 核算固定资产清查
    - 固定资产清查的方法
    - 核算固定资产清查应设置的会计科目
    - 固定资产清查核算的内容

项目六 无形资产和长期待摊费用

学习目标

知识目标

- 熟悉无形资产和长期待摊费用的内容；
- 掌握无形资产和长期待摊费用的核算。

能力目标

- 能够熟练地进行无形资产的取得、摊销、出售、出租、报废的账务处理；
- 能够熟练地进行长期待摊费用的账务处理。

项目导入

无形资产虽然不像固定资产、存货等具有实物形态，却是企业在生产经营过程中不可或缺的资产，能够在多个会计期间为企业带来经济利益。张泽对无形资产中的专利权、商标权、著作权等概念有所了解，但对无形资产的核算不清楚，尤其是对自行研究开发的无形资产的核算知之甚少。

本项目主要学习资产要素中无形资产的确认、计量和记录。

夯实基础知识

一、无形资产概述

（一）无形资产的概念

微课
自行开发无形资产

无形资产是指企业拥有或控制的没有实物形态的可辨认非货币性资产。无形资产主要包括专利权、非专利技术、商标权、著作权、土地使用权、特许权等。

（二）无形资产的内容

1. 专利权

专利权是指国家专利主管机关依法授予发明创造专利申请人对其发明创造在法定期限内所享有的专有权利，包括发明专利权、实用新型专利权和外观设计专利权。企业持有专利可以降低成本，或者提高产品质量，或者将其转让出去能获得转让收入。

2. 非专利技术

非专利技术即专有技术，是指先进的、未公开的、未申请专利、可以带来经济效益的技术及诀窍。

3. 商标权

商标是用来辨认特定的商品或劳务的标记。商标权是指专门在某类指定的商品或产品上使用特定的名称或图案的权利。《中华人民共和国商标法》明确规定，经商标局核准注册的商标为注册商标，商标注册人享有商标专用权，受法律的保护。

4. 著作权

著作权又称版权，是指作者对其创作的文学、科学和艺术作品依法享有的某些特殊权利。

5. 土地使用权

土地使用权是指国家准许某一企业或单位在一定期间内对国有土地享有开发、利用、经营的权利。

6. 特许权

特许权又称经营特许权、专营权，是指企业在某一地区经营或销售某种特定商品的权利，或是一家企业接受另一家企业使用其商标、商号、技术秘密等的权利。

二、核算无形资产应设置的会计科目

核算无形资产应设置“无形资产”“研发支出”“累计摊销”等科目。

1.“无形资产”科目

“无形资产”科目属于资产类科目，用以核算企业无形资产增减变动及结存的情况。本科目可按无形资产的项目进行明细分类核算。

2.“研发支出”科目

“研发支出”科目属于成本类科目，用以核算企业进行研究与开发无形资产过程中发生的各项支出。本科目下设“资本化支出”和“费用化支出”两个二级科目进行明细分类核算。

3.“累计摊销”科目

“累计摊销”科目属于资产类科目，用以核算企业对使用寿命有限的无形资产计提的累计摊销。本科目可按无形资产的项目进行明细分类核算。该科目属于“无形资产”科目的调整科目。

三、无形资产核算的内容

（一）外购无形资产

外购无形资产的成本，包括购买价款、相关税费以及直接归属于使该项资产达到预定用途所发生的其他支出。企业外购无形资产时，借记“无形资产”“应交税费——应交增值税（进项税额）”等科目，贷记“银行存款”等科目。

（二）自行研究开发无形资产

企业内部研究开发项目的支出，应当区分研究阶段支出与开发阶段支出。

1. 研究阶段与开发阶段的划分

（1）研究阶段。研究是指为获取并理解新的科学或技术知识而进行的独创性的有计划调查。研究阶段是探索性的，为进一步开发活动进行资料及相关方面的

准备，已进行的研究活动将来是否会转入开发、开发后是否会形成无形资产等均具有较大的不确定性。研究阶段的支出，应当于发生时计入当期损益。

（2）开发阶段。开发是指在进行商业性生产或使用前，将研究成果或其他知识应用于某项计划或设计，以生产出新的或具有实质性改进的材料、装置、产品等。相对于研究阶段而言，开发阶段应当是已完成研究阶段的工作，在很大程度上具备了形成一项新产品或新技术的基本条件。开发阶段的支出，满足资本化条件的，才能确认为无形资产。

企业如果无法可靠区分研究阶段的支出和开发阶段的支出，应将发生的研发支出全部费用化，记入“管理费用”科目。

2. 自行研究开发无形资产的账务处理

（1）企业自行研究开发无形资产发生的研发支出，不满足资本化条件的，借记“研发支出——费用化支出”科目，贷记“银行存款”“原材料”“应付职工薪酬”等科目；满足资本化条件的，借记“研发支出——资本化支出”科目，贷记“银行存款”“原材料”“应付职工薪酬”等科目。

（2）研究开发项目达到预定用途形成无形资产的，借记“无形资产”科目，贷记“研发支出——资本化支出”科目。

（3）期末，应将“研发支出——费用化支出”科目归集的金额转入“管理费用”科目，借记“管理费用”科目，贷记“研发支出——费用化支出”科目。

（三）无形资产摊销

企业应当于取得无形资产时分析判断其使用寿命。使用寿命有限的无形资产，其应摊销金额应当在使用寿命内系统、合理地摊销。使用寿命不确定的无形资产不应摊销。

1. 无形资产摊销的时点

企业摊销无形资产，应当自无形资产可供使用时起，至不再作为无形资产确认时止。

2. 无形资产摊销的方法

企业选择的无形资产摊销方法，应当反映与该项无形资产有关的经济利益的预期实现方式。无法可靠确定预期实现方式的，应当采用年限平均法摊销（残值通常视为零）。

3. 无形资产摊销的账务处理

企业的无形资产应当按月摊销，并根据用途分别计入相关资产的成本或者当期损益，借记“制造费用”“管理费用”“其他业务成本”等科目，贷记“累计摊销”科目。

（四）无形资产出租

1. 取得租金收入

出租无形资产取得租金收入时，借记“银行存款”等科目，贷记“其他业务收入”“应交税费——应交增值税（销项税额）”等科目。

2. 无形资产摊销

摊销出租无形资产的成本时，借记“其他业务成本”科目，贷记“累计摊销”科目。

（五）无形资产出售

企业出售无形资产，应当将取得的价款与该无形资产账面价值的差额计入当期损益，借记“银行存款”“累计摊销”“无形资产减值准备”等科目，贷记“无形资产”“应交税费——应交增值税（销项税额）”等科目，差额借记或贷记“资产处置损益”科目。

（六）无形资产报废

无形资产预期不能为企业带来经济利益的，应当将该无形资产报废，其账面价值予以转销，借记“累计摊销”“无形资产减值准备”“营业外支出”等科目，贷记“无形资产”科目。

职业能力训练

一、职业分析能力训练

【分析思考】

无形资产摊销与固定资产折旧有何区别?

____

____

二、职业实践能力训练

（一）业务描述

【业务 1】甲公司自行研究开发一项技术，研究阶段共发生支出 180 万元，已

用银行存款支付；开发阶段共发生支出 45 万元，其中材料费 25 万元，人工工资 20 万元，开发阶段的支出均符合资本化条件。研发活动结束，最终开发出一项非专利技术。假定不考虑相关税费。

【业务 2】甲公司购买一项商标权，价款 240 万元，增值税税额为 14.4 万元，款项用银行存款付讫。该商标权的使用寿命为 10 年，每月摊销 2 万元。

【业务 3】甲公司将购买的一项专利权出售，该专利权的成本为 60 万元，已摊销 30 万元。实际取得的出售收入为 50 万元（含税价），增值税税率为 6%，款项已存入银行。

【业务 4】甲公司将一项非专利技术出租，每月通过银行转账收取租金 5 000 元（含税价），增值税税率为 6%。已知该非专利技术的成本为 240 000 元，使用寿命为 10 年。

【业务 5】甲企业经核查发现，由于科技进步等原因，某专利权已丧失使用价值，不能为企业带来经济利益，应予以转销。该专利权账面原价为 300 000 元，已累计摊销 240 000 元。

（二）训练目标

能够根据发生的经济业务，熟练地进行无形资产的账务处理。

（三）训练内容

1. 请对表 6-1 中的账户进行解析。

表6-1

账户名称	类　别	借　方	贷　方	余　额	明细核算
无形资产					
研发支出					
累计摊销					

2. 请根据业务描述在表 6-2 中编写各业务的会计分录。

表6-2

业务序号	会计分录
【业务1】	（1）研究阶段发生支出 （2）结转研究阶段支出 （3）开发阶段发生支出（确认符合资本化条件） （4）研发完成并形成无形资产
【业务2】	
【业务3】	
【业务4】	
【业务5】	

德育园地

提升企业技术创新能力

完善技术创新市场导向机制，强化企业创新主体地位，促进各类创新要素向企业集聚，形成以企业为主体、市场为导向、产学研用深度融合的技术创新体系。

第一节　激励企业加大研发投入

实施更大力度的研发费用加计扣除、高新技术企业税收优惠等普惠性政策。拓展优化首台（套）重大技术装备保险补偿和激励政策，发挥重大工程牵引示范作用，运用政府采购政策支持创新产品和服务。通过完善标准、质量和竞争规制等措施，增强企业创新动力。健全鼓励国有企业研发的考核制度，设立独立核算、免于增值保值考核、容错纠错的研发准备金制度，确保中央国有工业企业研发支出年增长率明显超过全国平均水平。完善激励科技型中小企业创新的税收优惠政策。

第二节　支持产业共性基础技术研发

集中力量整合提升一批关键共性技术平台，支持行业龙头企业联合高等院校、科研院所和行业上下游企业共建国家产业创新中心，承担国家重大科技项目。支持有条件企业联合转制科研院所组建行业研究院，提供公益性共性技术服务。打造新型共性技术平台，解决跨行业跨领域关键共性技术问题。发挥大企业引领支撑作用，支持创新型中小微企业成长为创新重要发源地，推动产业链上中下游、大中小企业融通创新。鼓励有条件地方依托产业集群创办混合所有制产业技术研究院，服务区域关键共性技术研发。

第三节　完善企业创新服务体系

推动国家科研平台、科技报告、科研数据进一步向企业开放，创新科技成果转化机制，鼓励将符合条件的由财政资金支持形成的科技成果许可给中小企业使用。推进创新创业机构改革，建设专业化市场化技术转移机构和技术经理人队伍。完善金融支持创新体系，鼓励金融机构发展知识产权质押融资、科技保险等科技金融产品，开展科技成果转化贷款风险补偿试点。畅通科技型企业国内上市融资渠道，增强科创板“硬科技”特色，提升创业板服务成长型创新创业企业功能，鼓励发展天使投资、创业投资，更好发挥创业投资引导基金和私募股权基金作用。

资料来源：《中华人民共和国国民经济和社会发展第十四个五年规划和2035年远景目标纲要》（简称“十四五”规划）。

学习讨论

无形资产在企业的发展中有什么作用？

任务二 核算长期待摊费用

夯实基础知识

一、长期待摊费用的概念

长期待摊费用是指企业已经发生但应由本期和以后各期负担的分摊期限在1年以上的各项费用，如以经营租赁方式租入的固定资产发生的改良支出等。

二、核算长期待摊费用应设置的会计科目

微课
长期待摊费用

核算长期待摊费用应设置“长期待摊费用”科目。“长期待摊费用”科目属于资产类科目，用以核算企业长期待摊费用的发生、摊销情况。本科目可按长期待摊费用的项目进行明细分类核算。

三、长期待摊费用核算的内容

1. 发生长期待摊费用

发生长期待摊费用时，应当借记“长期待摊费用”等科目，贷记“银行存款”“原材料”“应付职工薪酬”等科目。

2. 摊销长期待摊费用

摊销长期待摊费用时，借记“管理费用”等科目，贷记“长期待摊费用”科目。

职业能力训练

一、职业分析能力训练

【分析思考】

长期待摊费用是否有价值？可否转让？

____

____

二、职业实践能力训练

（一）业务描述

【业务 1】6 月 1 日，甲公司对以经营租赁方式新租入的办公楼（租赁期 2 年）进行装修。装修期间共发生下列支出：领用原材料 315 000 元，发生有关人员工资等职工薪酬 125 000 元，以银行存款支付其他各种零星开支 10 000 元。

【业务 2】接【业务 1】，10 月 31 日，该办公楼完成装修并交付使用，按租赁期 2 年进行摊销。

（二）训练目标

能够根据发生的经济业务，熟练地进行长期待摊费用的账务处理。

（三）训练内容

1. 请对表 6-3 中的账户进行解析。

表6-3

账户名称	类　别	借　方	贷　方	余　额	明细核算
长期待摊费用					

2. 请根据业务描述在表 6-4 中编写各业务的会计分录。

表6-4

业务序号	会计分录
【业务1】	
【业务2】	

思维导图

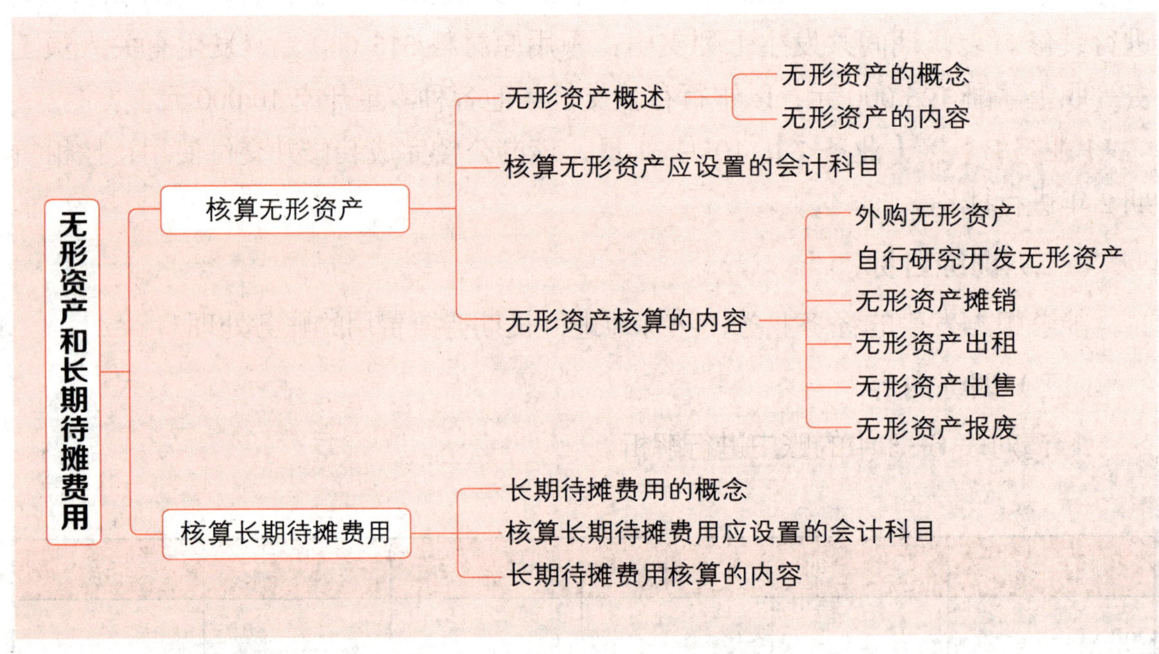

项目七 负债

学习目标

知识目标

- 熟知负债的概念和内容；
- 掌握应付票据、应付账款、预收账款、其他应付款、应付职工薪酬、应交税费、短期借款的核算。

能力目标

- 能够正确计算职工薪酬；
- 能熟练地进行应付票据、应付账款、预收账款、其他应付款、应付职工薪酬、应交税费、短期借款的账务处理。

项目导入

资产项目学习结束，张泽对会计的整体框架有了结构性的认识，他知道资产＝负债＋所有者权益，但是对这个会计等式还是不太理解。为什么负债的增加可能会引起资产的增加？

负债是企业必须履行的一项义务。本项目主要学习负债要素的确认、计量和记录。

任务一 认识负债

夯实基础知识

一、负债的概念

微课

负债的组成内容

负债是指由企业过去的交易或者事项形成的、预期会导致经济利益流出企业的现时义务。现时义务是指企业在现行条件下已承担的义务。未来发生的交易或者事项形成的义务不属于现时义务，不应当确认为负债。

二、负债的确认条件

符合负债定义的义务，在同时满足以下条件时，应当确认为负债：

（1）与该义务有关的经济利益很可能流出企业。

（2）未来流出的经济利益的金额能够可靠地计量。

三、负债的分类

按偿还期限的长短，一般将负债分为流动负债和非流动负债。流动负债主要包括短期借款、应付票据、应付账款、预收账款、应付职工薪酬、应交税费、应付股利、应付利息、其他应付款等。非流动负债主要包括长期借款、应付债券、长期应付款等。

职业能力训练

【分析思考】

在企业的生产经营活动中，会产生哪些负债？

____

____

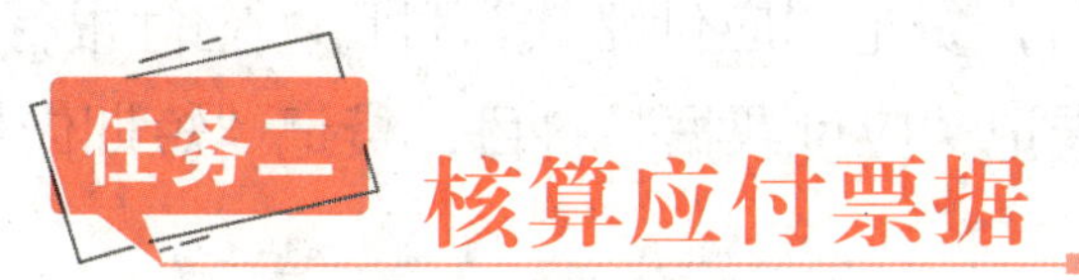

任务二 核算应付票据

夯实基础知识

一、应付票据的概念

应付票据是指企业因购买材料、商品或接受劳务供应等经营活动而开出、承兑的商业汇票，包括银行承兑汇票和商业承兑汇票。

二、核算应付票据应设置的会计科目

核算应付票据应设置“应付票据”科日。“应付票据”科日属十负债类科目，用以核算企业应付票据的产生、偿付等情况。本科目应按债权人进行明细分类核算。企业应当设置应付票据备查簿，详细登记商业汇票的种类、号数、出票日期、到期日、票面余额、交易合同号和收款人姓名或单位名称以及付款日期和金额等资料。应付票据到期结清时，上述内容应当在备查簿内予以注销。

三、应付票据核算的内容

1. 产生应付票据

因购买材料、商品或接受劳务供应等而开出、承兑的商业汇票，借记“原材料”“在途物资”“材料采购”“应交税费——应交增值税（进项税额）”等科目，贷记“应付票据”科目。

因抵付前欠货款而开出、承兑的商业汇票，借记“应付账款”科目，贷记“应付票据”等科目。

2. 支付银行承兑汇票手续费

企业因开出银行承兑汇票而支付的手续费，借记“财务费用”“应交税费——应交增值税（进项税额）”科目，贷记“银行存款”科目。

3. 票据到期

（1）企业按时支付票款。企业按时支付票款，应当借记“应付票据”科目，贷记“银行存款”科目。

（2）企业无力支付票款。应付商业承兑汇票到期，如企业无力支付票款，应借记“应付票据”科目，贷记“应付账款”科目。应付银行承兑汇票到期，如企业无力支付票款，应借记“应付票据”科目，贷记“短期借款”科目。

职业能力训练

一、职业分析能力训练

【分析思考】

［单项选择题］下列关于应付票据会计处理的说法中，不正确的是（　　）。

A. 企业到期无力支付的商业承兑汇票，应按账面余额转入“短期借款”科目

B. 企业支付的银行承兑汇票手续费，记入当期“财务费用”科目

C. 企业到期无力支付的银行承兑汇票，应按账面余额转入“短期借款”科目

D. 企业开出商业汇票，应当按其票面金额作为应付票据的入账金额

二、职业实践能力训练

（一）业务描述

【业务 1】甲企业购买材料，增值税专用发票上注明的价款为 16 800 元，增值税税额为 2 184 元，材料已验收入库，按实际成本进行日常核算。甲企业开出 1 张商业承兑汇票，期限为 3 个月。

【业务 2】接【业务 1】，票据到期，甲企业偿付上述票款。

【业务 3】接【业务 1】，票据到期，甲企业无力支付票款。

【业务 4】甲企业购买材料，增值税专用发票上注明的价款为 61 300 元，增值税税额为 7 969 元，材料已验收入库，按实际成本进行日常核算。甲企业开出并经开户银行承兑的商业汇票 1 张，面值为 69 269 元，期限为 5 个月。交纳银行承兑手续费 34.63 元（含增值税税额 1.96 元）。

【业务 5】接【业务 4】，票据到期，甲企业偿付上述票款。

【业务 6】接【业务 4】，票据到期，甲企业无力支付票款。

（二）训练目标

能够根据发生的经济业务，熟练地进行应付票据的账务处理。

（三）训练内容

1. 请对表 7-1 中的账户进行解析。

表7-1

账户名称	类 别	借 方	贷 方	余 额	明细核算
应付票据					

2. 请根据业务描述在表 7-2 中编写各业务的会计分录。

表7-2

业务序号	会计分录
【业务1】	
【业务2】	
【业务3】	
【业务4】	
【业务5】	
【业务6】	

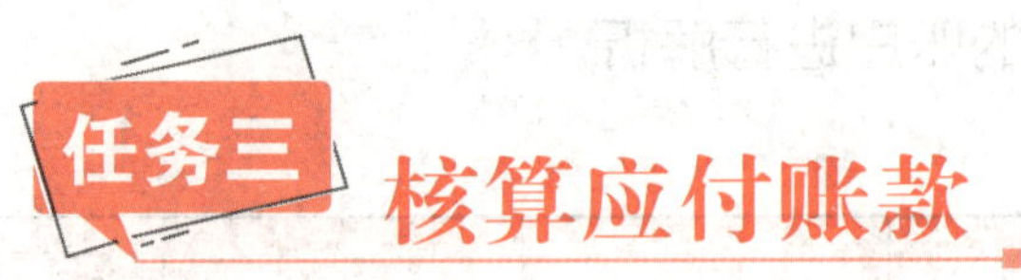

任务三 核算应付账款

夯实基础知识

一、应付账款的概念

应付账款是指企业因购买材料、商品或接受劳务供应等经营活动而应支付的款项。应付账款的入账时间，应以所购货物所有权的转移或接受劳务已发生为标志。在货物和发票账单同时到达的情况下，应付账款一般在货物验收入库后，按发票账单所列金额登记入账；在所购货物已经验收入库，但是发票账单未能同时到达的情况下，如果到月末仍未收到发票账单，企业需要将所购货物和相关的应付账款暂估入账，待下月初将上月末暂估入账的应付账款予以冲销。

微课
应付账款

二、核算应付账款应设置的会计科目

核算应付账款应设置“应付账款”科目。“应付账款”科目属于负债类科目，用以核算企业应付账款的增减变动和结存情况。本科目应按债权人进行明细分类核算。

三、应付账款核算的内容

1. 产生应付账款

企业因购买材料、商品或接受劳务供应等而产生应付账款，应借记“原材料”“在途物资”“材料采购”“应交税费——应交增值税（进项税额）”等科目，贷记“应付账款”科目。

2. 偿还应付账款

（1）企业偿还应付账款时，应借记“应付账款”科目，贷记“银行存款”等科目。

（2）企业开出商业汇票抵付应付账款时，应借记“应付账款”科目，贷记“应付票据”科目。

（3）应付账款附有现金折扣条件的，企业应按照扣除现金折扣前的应付账款总额入账。在折扣期限内付款而获得的现金折扣，应在偿付应付账款时冲减财务费用，借记“应付账款”科目，贷记“银行存款”“财务费用”科目。

3. 转销应付账款

企业对于确实无法支付的应付账款，应予以转销，借记“应付账款”科目，贷记“营业外收入”科目。

职业能力训练

一、职业分析能力训练

【分析思考】

7 月 2 日，甲企业购买一批商品并验收入库，增值税专用发票上注明的价款为 50 000 元，增值税税额为 6 500 元。按照协议约定，甲企业在 15 天内付款，可享受 1% 的现金折扣（计算现金折扣不考虑增值税）。不考虑其他因素，甲企业应付账款入账金额为（　　）元。

A. 56 000　　B. 55 935　　C. 56 500　　D. 50 000

二、职业实践能力训练

（一）业务描述

【业务 1】甲企业从乙公司购进钢材一批，增值税专用发票上注明的价款为 100 000 元，增值税税额为 13 000 元，价税款均未支付。该批钢材已验收入库，按实际成本进行日常核算。

【业务 2】接【业务 1】，上述款项通过银行存款支付。

【业务 3】接【业务 1】，甲企业开出 1 张商业承兑汇票抵付前欠货款，该商业承兑汇票的期限为 3 个月。

【业务 4】接【业务 1】，乙公司规定现金折扣条件为“2/10，1/20，*n*/30”，若甲企业在第 9 天付款（计算折扣时不考虑增值税）。

【业务 5】甲企业确认欠乙公司的一笔应付账款 4 000 元属于无法支付的款项，经批准予以转销。

（二）训练目标

能够根据发生的经济业务，熟练地进行应付账款的账务处理。

（三）训练内容

1. 请对表 7-3 中的账户进行解析。

表7-3

账户名称	类　别	借　方	贷　方	余　额	明细核算
应付账款					

2. 请根据业务描述在表 7-4 中编写各业务的会计分录。

表7-4

业务序号	会计分录
【业务1】	
【业务2】	
【业务3】	
【业务4】	
【业务5】	

财经知识拓展

现 金 折 扣

现金折扣是指销售方为鼓励购买方在规定的期限内付款而向购买方提供的债务扣除。现金折扣一般用符号“折扣率 / 付款期限”表示（见表 7-5）。

表7-5

折扣率/付款期限	含 义
2/10	如果购买方在10天内付款，销售方将按商品售价给予购买方2%的折扣
1/20	如果购买方在11～20天内付款，销售方将按商品售价给予购买方1%的折扣
n/30	如果销售方允许购买方最长的付款期限为30天，但购买方在21～30天内付款，将不能享受到现金折扣

任务四 核算预收账款

夯实基础知识

一、预收账款的概念

预收账款是指企业按照合同规定预收的款项。

二、核算预收账款应设置的会计科目

核算预收账款应设置“预收账款”科目。“预收账款”科目属于负债类科目，用来核算企业预收账款的增减变动及结存情况。本科目应按债权人进行明细分类核算。预收款项业务不多的企业，可以不单独设置“预收账款”科目，将预收的款项直接记入“应收账款”科目的贷方。

微课

预收账款

三、预收账款核算的内容

1. 预收货款

企业按照合同约定预收货款时，应借记“银行存款”等科目，贷记“预收账

款”科目。

2. 销售实现

销售材料、商品等实现收入时，应借记“预收账款”科目，贷记“主营业务收入”“其他业务收入”“应交税费——应交增值税（销项税额）”等科目。

3. 结清余款

收到客户补付款项时，应借记“银行存款”等科目，贷记“预收账款”科目；退回客户多预付的款项时，应借记“预收账款”科目，贷记“银行存款”科目。

职业能力训练

一、职业分析能力训练

【分析思考】

1. 预收账款与应付账款都是企业的债务，两者有什么区别？

____

____

2. 如果预收账款期末余额在借方，表示什么含义？

____

____

二、职业实践能力训练

（一）业务描述

【业务 1】乙公司销售一批产品，价款为 1 000 000 元，增值税税额 130 000 元。7 月 5 日，收到对方预付 40% 的价款。

【业务 2】接【业务 1】，7 月 10 日，乙公司销售产品，确认收入。

【业务 3】接【业务 1】和【业务 2】，7 月 11 日，收到对方交来的余款。

（二）训练目标

能够根据发生的经济业务，熟练地进行预收账款的账务处理。

（三）训练内容

1. 请对表 7–6 中的账户进行解析。

表7-6

账户名称	类 别	借 方	贷 方	余 额	明细核算
预收账款					

2. 请根据业务描述在表 7-7 中编写各业务的会计分录。

表7-7

业务序号	会计分录
【业务1】	
【业务2】	
【业务3】	

夯实基础知识

一、其他应付款的概念

其他应付款是指企业除应付票据、应付账款、预收账款、应付职工薪酬、应交税费、应付利息、应付股利等经营活动以外的其他各项应付、暂收的款项，如应付短期租赁固定资产租金、租入包装物租金、存入保证金等。

微课
其他应付款

二、核算其他应付款应设置的会计科目

核算其他应付款应设置“其他应付款”科目。“其他应付款”科目属于负债类科目，用以核算企业其他应付款的增减变动及结存情况。本科目应按其他应付款的项目或对方单位（或个人）进行明细分类核算。

三、其他应付款核算的内容

1. 产生其他应付款

企业因应付短期租赁租金、收到押金等产生其他应付款时，应借记“管理费用”“银行存款”“待处理财产损溢——待处理流动资产损溢”等科目，贷记“其他应付款”科目。

2. 偿还其他应付款

企业因支付短期租赁租金、退回押金等偿还其他应付款时，应借记“其他应付款”科目，贷记“银行存款”等科目。

职业能力训练

一、职业分析能力训练

【分析思考】

[多项选择题] 下列各项中，计入其他应付款的有（　　）。

A. 根据法院判决应支付的合同违约金

B. 租入包装物应支付的租金

C. 根据购销合同预收的货款

D. 租入包装物支付的押金

二、职业实践能力训练

（一）业务描述

【业务 1】甲企业收取出租房屋押金（现金）400 元。

【业务 2】接【业务 1】，甲企业收回出租房屋，退还押金（现金）400 元。

【业务 3】1 月 1 日，甲企业以经营租赁方式租入管理用办公设备一批，租期 3 个月，每月租金 8 000 元，到期支付。3 月 31 日，以银行存款支付租金 24 000 元，增值税税额 3 120 元。

（二）训练目标

能够根据发生的经济业务，熟练地进行其他应付款的账务处理。

（三）训练内容

1. 请对表 7-8 中的账户进行解析。

表7-8

账户名称	类　别	借　方	贷　方	余　额	明细核算
其他应付款					

2. 请根据业务描述在表 7-9 中编写各业务的会计分录。

表7-9

业务序号	会计分录
【业务1】	
【业务2】	
【业务3】	

夯实基础知识

一、职工薪酬概述

职工薪酬是指企业为获得职工提供的服务或解除劳动关系而给予的各种形式

的报酬或补偿。职工薪酬包括短期薪酬、离职后福利、辞退福利和其他长期职工福利。

（一）短期薪酬

微课

应发工资与实发工资的差额

短期薪酬是指企业在职工提供相关服务的年度报告期间结束后12个月内需要全部予以支付的职工薪酬，因解除与职工的劳动关系给予的补偿除外。短期薪酬具体包括职工工资、奖金、津贴和补贴，职工福利费，社会保险费，住房公积金，工会经费和职工教育经费，短期带薪缺勤，短期利润分享计划和其他短期薪酬。

1. 职工工资、奖金、津贴和补贴

职工工资、奖金、津贴和补贴是指企业按照构成工资总额的计时工资、计件工资、支付给职工的超额劳动报酬和增收节支的劳动报酬、为了补偿职工特殊或额外的劳动消耗和因其他特殊原因支付给职工的津贴，以及为了保证职工工资水平不受物价影响支付给职工的物价补贴等。

2. 职工福利费

职工福利费是指企业向职工提供的生活困难补助费、丧葬补助费、抚恤费、职工异地安家费、防暑降温费等职工福利支出。

3. 社会保险费

社会保险费是指企业按照国家规定的基准和比例计算，向社会保险经办机构缴存的养老保险费、医疗保险费、工伤保险费等。

社会保险费包括医疗保险费、养老保险费、失业保险费、工伤保险费等。企业承担的社会保险费，除养老保险费和失业保险费按规定确认为离职后福利外，其他的社会保险作为企业的短期薪酬。

4. 住房公积金

住房公积金是指企业按照国家规定的基准和比例计算，向住房公积金管理机构缴存的住房公积金。

5. 工会经费和职工教育经费

工会经费和职工教育经费是指企业为了改善职工文化生活，为职工学习先进技术及提高文化水平和业务素质，用于开展工会活动和职工教育及职业技能培训等相关支出。

6. 短期带薪缺勤

短期带薪缺勤是指职工虽然缺勤但企业仍向其支付报酬的安排，包括年休假、病假、婚假、产假、丧假、探亲假等。

7. 短期利润分享计划

短期利润分享计划是指因职工提供服务而与职工达成的基于利润或其他经营成果提供薪酬的协议。

8. 其他短期薪酬

其他短期薪酬是指除上述薪酬以外的其他为获得职工提供的服务而给予的短期薪酬。

（二）离职后福利

离职后福利是指企业为获得职工提供的服务而在职工退休或与企业解除劳动关系后，提供的各种形式的报酬和福利，短期薪酬和辞退福利除外。

（三）辞退福利

辞退福利是指企业在职工劳动合同到期之前解除与职工的劳动关系，或者为鼓励职工自愿接受裁减而给予职工的补偿。

（四）其他长期职工福利

其他长期职工福利是指除短期薪酬、离职后福利、辞退福利之外所有的职工薪酬，包括长期带薪缺勤、长期残疾福利、长期利润分享计划等。

二、核算职工薪酬应设置的会计科目

核算职工薪酬应设置“应付职工薪酬”科目。“应付职工薪酬”科目属于负债类科目，用来核算企业应付职工薪酬的提取、使用等情况。本科目应按应付职工薪酬的项目进行明细分类核算。

三、职工薪酬核算的内容

（一）货币性职工薪酬

1. 职工工资、奖金、津贴和补贴

（1）分配职工工资、奖金、津贴和补贴。企业应当在职工提供服务期间，根据职工提供服务的受益对象，将发生的职工工资、奖金、津贴和补贴计入当期损益或相关资产成本，借记“生产成本”“制造费用”“管理费用”“销售费用”“在建工程”等科目，贷记“应付职工薪酬——工资”科目。

（2）发放职工工资、奖金、津贴和补贴，并结算各种代扣、代垫款项。实发职工薪酬的计算公式为

实发职工薪酬 = 应付职工薪酬 − 各种代扣、代垫款

企业按规定向职工发放工资、奖金、津贴、补贴时，通过开户银行支付给职工或从开户银行提取现金，然后向职工发放。代扣、代垫款项包括代扣代缴的个人所得税、社会保险费、住房公积金等和代职工垫付的款项。

企业发放职工工资、奖金、津贴和补贴时，根据“职工工资结算汇总表”中的应发金额，借记“应付职工薪酬——工资”科目，根据实发金额，贷记“银行存款”“库存现金”等科目，根据各种代扣代垫款项，贷记“其他应收款——代垫款项”“其他应付款——社会保险费、住房公积金”“应交税费——应交个人所得税”等科目。

2. 社会保险费和住房公积金

（1）计提分配社会保险费和住房公积金。对于企业应缴纳的社会保险费（不含基本养老保险费和失业保险费）和住房公积金，应按照国家规定的计提基础和比例，在职工提供服务期间，根据受益对象计入当期损益或相关资产成本，并确认相应的应付职工薪酬金额，借记“生产成本”“制造费用”“管理费用”“销售费用”等科目，贷记“应付职工薪酬——社会保险费、住房公积金”科目。

对于职工个人承担的社会保险费和住房公积金，由职工所在企业每月从其工资中代扣代缴，借记“应付职工薪酬——工资”科目，贷记“其他应付款——社会保险费”“其他应付款——住房公积金”科目。

（2）缴纳社会保险费和住房公积金。企业为员工缴纳社会保险费和住房公积金时，应当借记“应付职工薪酬——社会保险费”“应付职工薪酬——住房公积金”“其他应付款——社会保险费”“其他应付款——住房公积金”科目，贷记“银行存款”科目。

3. 工会经费

（1）计提工会经费。企业应按职工工资总额的一定比例计提工会经费。企业应当在职工提供服务期间，根据职工提供服务的受益对象，将计提的工会经费计入当期损益或相关资产成本，借记“生产成本”“制造费用”“管理费用”“销售费用”等科目，贷记“应付职工薪酬——工会经费”科目。

（2）缴纳工会经费。借记“应付职工薪酬——工会经费”科目，贷记“银行存款”科目。

（二）非货币性职工薪酬

1. 企业以其自产产品作为非货币性福利发放给职工

（1）确认应付职工薪酬。企业应当在职工提供服务期间，根据职工提供服务的受益对象，将相关产品的含税公允价值计入相关资产成本或当期损益，同时确认应付职工薪酬，借记“生产成本”“制造费用”“管理费用”“销售费用”等科目，贷记“应付职工薪酬——非货币性福利”科目。

（2）确认主营业务收入。企业确认主营业务收入时，应当借记“应付职工薪酬——非货币性福利”科目，贷记“主营业务收入”“应交税费——应交增值税（销项税额）”科目。

（3）结转相关产品成本。企业结转相关产品成本时，应当借记“主营业务成本”科目，贷记“库存商品”科目。

2. 将企业自有房屋等资产无偿提供给职工使用

（1）确认应付职工薪酬。企业应当在职工提供服务期间，根据职工提供服务的受益对象，将该房屋每期应计提的折旧计入相关资产成本或当期损益，同时确认应付职工薪酬，借记“生产成本”“制造费用”“管理费用”“销售费用”等科目，贷记“应付职工薪酬——非货币性福利”科目。

（2）计提相关房屋折旧。企业计提相关房屋折旧时，应当借记“应付职工薪酬——非货币性福利”科目，贷记“累计折旧”科目。

3. 租赁住房等资产供职工无偿使用

（1）确认应付职工薪酬。企业应当在职工提供服务期间，根据职工提供服务的受益对象，将每期应付的租金计入相关资产成本或当期损益，并确认应付职工薪酬，借记“生产成本”“制造费用”“管理费用”“销售费用”等科目，贷记“应付职工薪酬——非货币性福利”科目。

（2）支付相关租金。企业支付相关租金时，应借记“应付职工薪酬——非货币性福利”科目，贷记“银行存款”科目。

职业能力训练

一、职业分析能力训练

【分析思考】

1.［多项选择题］下列各项中，属于应付职工薪酬的有（　　）。

A. 发放给员工的生活困难补助

B. 报销员工出差的差旅费

C. 给员工支付的培训支出

D. 离职后福利

2.［多项选择题］下列各项中，属于短期薪酬的有（　　）。

A. 职工福利费　　B. 住房公积金

C. 离职后福利　　D. 辞退福利

二、职业实践能力训练

（一）业务描述

【业务 1】某企业对行政管理部门使用的设备进行日常维修，应付企业内部维修人员工资 2 000 元；对一条外购的生产线进行改良，应付企业内部改良工程人员工资 30 000 元（满足资本化条件）。

【业务 2】某企业分配职工工资 150 000 元，其中直接生产产品人员工资 105 000 元，车间管理人员工资 15 000 元，企业行政管理人员工资 20 000 元，专设销售机构人员工资 10 000 元。

【业务 3】接【业务 2】，按照职工工资总额的 14%、2% 和 8% 分别提取职工福利费、工会经费和职工教育经费。

【业务 4】接【业务 2】，按照职工工资总额的 10% 和 8% 计提医疗保险费和住房公积金。

【业务 5】以现金支付职工李某生活困难补助 1 000 元。

【业务 6】签发转账支票缴纳工会经费 3 000 元。

【业务 7】签发转账支票支付会计人员继续教育培训费 2 000 元。

【业务 8】以银行存款缴纳职工医疗保险费 15 000 元。

【业务 9】按规定计算代扣代缴职工个人所得税 8 000 元。

【业务 10】将 5 台自产的产品作为福利发放给本公司的行政管理人员。该产品每台生产成本为 900 元，市场售价为每台 1 000 元。该企业适用增值税税率为 13%。

（二）训练目标

能够根据发生的经济业务，熟练地进行应付职工薪酬的账务处理。

（三）训练内容

1. 请对表 7-10 中的账户进行解析。

表7-10

账户名称	类 别	借 方	贷 方	余 额	明细核算
应付职工薪酬					

2. 请根据业务描述在表 7-11 中编写各业务的会计分录。

表7-11

业务序号	会计分录
【业务1】	
【业务2】	
【业务3】	
【业务4】	
【业务5】	
【业务6】	
【业务7】	

续表

业务序号	会计分录
【业务8】	
【业务9】	
【业务10】	

德育园地

增进民生福祉，提高人民生活品质

社会保障体系是人民生活的安全网和社会运行的稳定器。健全覆盖全民、统筹城乡、公平统一、安全规范、可持续的多层次社会保障体系。完善基本养老保险全国统筹制度，发展多层次、多支柱养老保险体系。实施渐进式延迟法定退休年龄。扩大社会保险覆盖面，健全基本养老、基本医疗保险筹资和待遇调整机制，推动基本医疗保险、失业保险、工伤保险省级统筹。促进多层次医疗保障有序衔接，完善大病保险和医疗救助制度，落实异地就医结算，建立长期护理保险制度，积极发展商业医疗保险。

资料来源：党的二十大报告

学习讨论

（1）互联网时代，工资核算发生了哪些变化？

（2）社会保险制度给我们的生活带来了哪些变化？

任务七 核算应交税费

夯实基础知识

一、应交税费的概念

应交税费是指企业根据在一定时期内取得的营业收入、实现的利润等，按照现行税法的规定，采用一定的计税方法计提的应缴纳的各种税费。

企业根据税法规定应缴纳的各种税费包括增值税、消费税、企业所得税、城市维护建设税、资源税、土地增值税、房产税、车船税、城镇土地使用税、教育费附加、地方教育费附加、印花税、耕地占用税、契税、车辆购置税等。

二、核算应交税费应设置的会计科目

核算应交税费应设置“应交税费”科目。“应交税费”科目属于负债类科目，用以核算企业应交税费的增减变动及结存情况。本科目应按应交税费的项目进行明细分类核算。

注：企业缴纳的耕地占用税等不需要预计应交数的税金，不通过“应交税费”科目核算。

三、应交税费核算的内容

（一）增值税

1. 增值税的概念

增值税是对销售商品或者劳务过程中实现的增值额征收的一种税。增值税是我国现阶段税收收入规模最大的税种。

2. 增值税纳税人

根据《中华人民共和国增值税暂行条例》的规定，在中华人民共和国境内销售货物或者加工、修理修配劳务，销售服务、无形资产、不动产以及进口货物的单位和个人，为增值税的纳税人。

根据纳税人的经营规模以及会计核算健全程度的不同，增值税的纳税人可划分为一般纳税人和小规模纳税人。

3. 增值税的税率与征收率

增值税的税率与征收率如图 7-1 所示。

增值税的税率与征收率

- 纳税人销售货物、劳务、有形动产租赁服务或者进口货物，除《中华人民共和国增值税暂行条例》第二条第（二）项、第（四）项、第（五）项另有规定外，税率为 13%
- 纳税人销售交通运输、邮政、基础电信、建筑、不动产租赁服务，销售不动产，转让土地使用权，销售或者进口下列货物，税率为 9%
  - 粮食等农产品、食用植物油、食用盐
  - 自来水、暖气、冷气、热水、煤气、石油液化气、天然气、二甲醚、沼气、居民用煤炭制品
  - 图书、报纸、杂志、音像制品、电子出版物
  - 饲料、化肥、农药、农机、农膜
  - 国务院规定的其他货物
- 纳税人销售服务、无形资产，除《中华人民共和国增值税暂行条例》第二条第（一）项、第（二）项、第（五）项另有规定外，税率为 6%
- 纳税人出口货物，税率为 0。但是国务院另有规定的除外
- 境内单位和个人跨境销售国务院规定范围内的服务、无形资产，税率为 0
- 小规模纳税人及一般纳税人选择简易办法计税的，征收率为 3%。另有规定的除外

图 7-1　增值税的税率与征收率

4. 增值税应纳税额的计算

微课

增值税的应纳税额

（1）一般计税方法应纳税额的计算。一般纳税人销售货物、劳务、服务、无形资产、不动产，采取一般计税方法计算应纳增值税税额。其计算公式为

$$应纳税额 = 当期销项税额 - 当期进项税额$$

当期销项税额小于当期进项税额不足抵扣时，其不足的部分可以结转下期继续抵扣。

① 销项税额的确定。销项税额是指纳税人发生应税销售行为，按照销售额和适用税率计算并向购买方收取的增值税税款。其计算公式为

$$销项税额 = 销售额 \times 适用税率$$

② 进项税额的确定。进项税额是指纳税人购进货物、劳务、服务、无形资产或者不动产，支付或者负担的增值税税额。

准予从销项税额中抵扣的进项税额如图 7-2 所示。

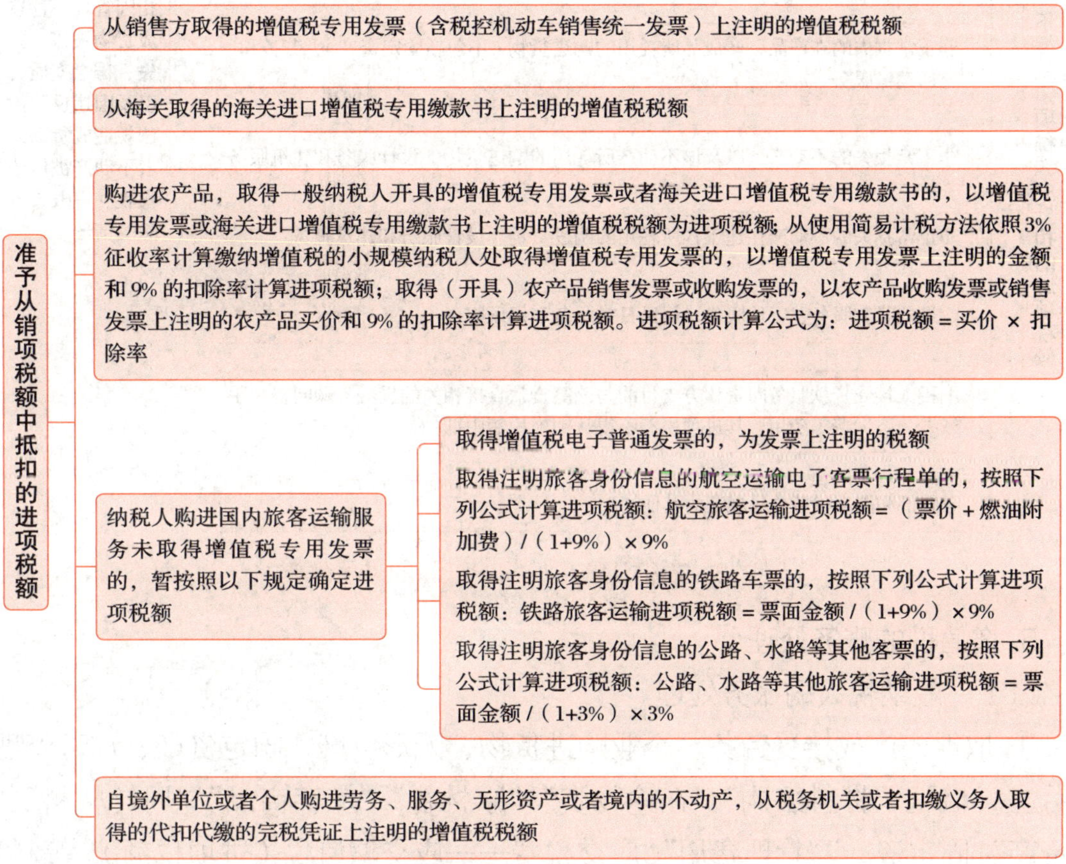

准予从销项税额中抵扣的进项税额

- 从销售方取得的增值税专用发票（含税控机动车销售统一发票）上注明的增值税税额
- 从海关取得的海关进口增值税专用缴款书上注明的增值税税额
- 购进农产品，取得一般纳税人开具的增值税专用发票或者海关进口增值税专用缴款书的，以增值税专用发票或海关进口增值税专用缴款书上注明的增值税税额为进项税额；从使用简易计税方法依照3%征收率计算缴纳增值税的小规模纳税人处取得增值税专用发票的，以增值税专用发票上注明的金额和 9% 的扣除率计算进项税额；取得（开具）农产品销售发票或收购发票的，以农产品收购发票或销售发票上注明的农产品买价和 9% 的扣除率计算进项税额。进项税额计算公式为：进项税额 = 买价 × 扣除率
- 纳税人购进国内旅客运输服务未取得增值税专用发票的，暂按照以下规定确定进项税额
  - 取得增值税电子普通发票的，为发票上注明的税额
  - 取得注明旅客身份信息的航空运输电子客票行程单的，按照下列公式计算进项税额：航空旅客运输进项税额 =（票价 + 燃油附加费）/（1+9%）× 9%
  - 取得注明旅客身份信息的铁路车票的，按照下列公式计算进项税额：铁路旅客运输进项税额 = 票面金额 /（1+9%）× 9%
  - 取得注明旅客身份信息的公路、水路等其他客票的，按照下列公式计算进项税额：公路、水路等其他旅客运输进项税额 = 票面金额 /（1+3%）× 3%
- 自境外单位或者个人购进劳务、服务、无形资产或者境内的不动产，从税务机关或者扣缴义务人取得的代扣代缴的完税凭证上注明的增值税税额

图 7-2 准予从销项税额中抵扣的进项税额

不得从销项税额中抵扣的进项税额如图 7-3 所示。

（2）简易计税方法应纳税额的计算。小规模纳税人发生应税销售行为采用简易计税方法计税的，应按照销售额和征收率计算应纳增值税税额，不得抵扣进项税额。其计算公式为

$$应纳税额 = 销售额 \times 征收率$$

简易计税方法的销售额不包括其应纳税额，纳税人采用销售额和应纳税额合并定价方法的，其计算销售额的公式为

$$销售额 = 含税销售额 /（1+ 征收率）$$

不得从销项税额中抵扣的进项税额

- 用于简易计税方法计税项目、免征增值税项目、集体福利或者个人消费的购进货物、劳务、服务、无形资产和不动产
- 非正常损失的购进货物，以及相关的劳务和交通运输服务
- 非正常损失的在产品、产成品所耗用的购进货物（不包括固定资产）、劳务和交通运输服务
- 非正常损失的不动产，以及该不动产所耗用的购进货物、设计服务和建筑服务
- 非正常损失的不动产在建工程所耗用的购进货物、设计服务和建筑服务
- 购进的贷款服务、餐饮服务、居民日常服务和娱乐服务
- 纳税人接受贷款服务向贷款方支付的与该笔贷款直接相关的投融资顾问费、手续费、咨询费等费用，其进项税额不得从销项税额中抵扣
- 财政部和国家税务总局规定的其他情形

非正常损失，是指因管理不善造成货物被盗、丢失、霉烂变质，以及因违反法律法规造成货物或者不动产被依法没收、销毁、拆除的情形

图 7-3　不得从销项税额中抵扣的进项税额

5. 增值税的账务处理

（1）一般纳税人的账务处理。

① 取得资产或接受劳务。企业购进货物、无形资产、固定资产、加工修理修配劳务，借记“材料采购”“在途物资”“原材料”“库存商品”“周转材料”“无形资产”“固定资产”“管理费用”“应交税费——应交增值税（进项税额）”等科目，贷记“银行存款”“应付账款”“应付票据”等科目。

企业购进农产品，按照农产品收购发票或者销售发票上注明的农产品买价和9%的扣除率计算进项税额，借记“应交税费——应交增值税（进项税额）”科目，按农产品买价扣除进项税额后的差额，借记“材料采购”“在途物资”“原材料”“库存商品”等科目，按照应付或实际支付的价款，贷记“应付账款”“银行存款”等科目。

② 进项税额转出业务。因管理不善等造成外购货物发生非正常损失、外购材料用于集体福利等，按照现行增值税制度的规定，原已计入进项税额的部分不得从销项税额中抵扣，应借记“待处理财产损溢”“应付职工薪酬”等科目，贷记“原材料”“应交税费——应交增值税（进项税额转出）”科目。

③ 销售业务。企业销售货物、无形资产、固定资产、加工修理修配劳务，借

记“应收账款”“应收票据”“银行存款”等科目，贷记“主营业务收入”“其他业务收入”“固定资产清理”“应交税费——应交增值税（销项税额）”等科目。

④ 视同销售行为。视同销售需要缴纳增值税的事项主要有：企业将自产或委托加工的货物用于集体福利或个人消费、作为投资提供给其他单位或个体工商户、分配给股东或投资者、对外捐赠等。在这些情况下，企业应当根据视同销售的具体内容，按照现行增值税制度的规定计算销项税额，借记“应付职工薪酬”“长期股权投资”“营业外支出”等科目，贷记“主营业务收入”“其他业务收入”“库存商品”“应交税费——应交增值税（销项税额）”等科目。

⑤ 缴纳增值税。企业缴纳当月应缴的增值税，应当借记“应交税费——应交增值税（已交税金）”科目，贷记“银行存款”科目。

企业缴纳以前期间未缴的增值税，应当借记“应交税费——未交增值税”科目，贷记“银行存款”科目。

⑥ 月末转出多缴增值税或未缴增值税。月度终了，企业应当将当月应缴未缴或多缴的增值税自“应交增值税”明细科目转入“未交增值税”明细科目。

对于当月应缴未缴的增值税，应当借记“应交税费——应交增值税（转出未交增值税）”科目，贷记“应交税费——未交增值税”科目。

对于当月多缴的增值税，应当借记“应交税费——未交增值税”科目，贷记“应交税费——应交增值税（转出多交增值税）”科目。

（2）小规模纳税人的账务处理。小规模纳税人核算增值税采用简化的方法，即购进货物、应税服务或应税行为，取得增值税专用发票上注明的增值税，一律不予以抵扣，直接计入相关成本费用或资产。小规模纳税人销售货物、应税服务或应税行为时，按照不含税的销售额和规定的增值税征收率计算应缴纳的增值税（应纳税额）。

小规模纳税人进行账务处理时，只需在“应交税费”科目下设置“应交增值税”明细科目，该明细科目不再设置增值税专栏。

① 购进货物、应税服务或应税行为。小规模纳税人购进货物、应税服务或应税行为，按照应付或实际支付的全部款项（包括支付的增值税税额），应当借记“材料采购”“在途物资”“原材料”“库存商品”等科目，贷记“应付账款”“应付票据”“银行存款”等科目。

② 销售货物、应税服务或应税行为。小规模纳税人销售货物、应税服务或应税行为，应当按全部价款（包括应交的增值税税额），借记“银行存款”等科目，

按不含税的销售额贷记“主营业务收入”等科目，按应交增值税税额，贷记“应交税费——应交增值税”科目。

③ 缴纳增值税。小规模纳税人缴纳增值税，应当借记“应交税费——应交增值税”科目，贷记“银行存款”科目。

（二）消费税

1. 消费税的概念

消费税是指在我国境内生产、委托加工和进口应税消费品的单位和个人，按其流转额缴纳的一种税。

2. 消费税纳税人

在中华人民共和国境内生产、委托加工和进口《中华人民共和国消费税暂行条例》规定的消费品的单位和个人，以及国务院确定的销售《中华人民共和国消费税暂行条例》规定的消费品的其他单位和个人，为消费税的纳税人。

3. 消费税税率

消费税税率采取比例税率和定额税率两种形式，以适应不同应税消费品的实际情况。一般情况下，对一种消费品只选择一种税率形式，但为了更好、更有效地保全消费税税基，对卷烟和白酒，则采取了比例税率和定额税率复合征收的形式。

4. 消费税应纳税额的计算

（1）生产销售应纳消费税。

① 从价定率。实行从价定率计征消费税的，其计算公式为

应纳税额 = 销售额 × 比例税率

② 从量定额。实行从量定额计征消费税的，其计算公式为

应纳税额 = 销售数量 × 定额税率

③ 从价定率和从量定额复合方法。实行从价定率和从量定额复合方法计征消费税的，其计算公式为

应纳税额 = 销售额 × 比例税率 + 销售数量 × 定额税率

（2）委托加工应纳消费税。委托加工的应税消费品，按照受托方的同类消费品的销售价格计算纳税，没有同类消费品销售价格的，按照组成计税价格计算纳税。

① 从价定率。实行从价定率办法计征消费税的，其计算公式为

组成计税价格 =（材料成本 + 加工费）/（1− 比例税率）

应纳税额＝组成计税价格 × 比例税率

② 复合计税办法。实行复合计税办法计征消费税的，其计算公式为

组成计税价格＝（材料成本＋加工费＋委托加工数量 × 定额税率）/（1－比例税率）

应纳税额＝组成计税价格 × 比例税率＋委托加工数量 × 定额税率

5. 消费税的账务处理

（1）销售应税消费品。企业销售应税消费品应缴的消费税，应借记“税金及附加”科目，贷记“应交税费——应交消费税”科目。

（2）委托加工应税消费品。企业如有应交消费税的委托加工物资，一般应由受托方代收代缴消费税。委托加工物资收回后直接用于销售的，应将受托方代收代缴的消费税计入委托加工物资的成本，借记“委托加工物资”等科目，贷记“应付账款”“银行存款”等科目。

委托加工物资收回后用于连续生产应税消费品的，按规定准予抵扣的，应按已由受托方代收代缴的消费税，借记“应交税费——应交消费税”科目，贷记“应付账款”“银行存款”等科目。

（三）城市维护建设税

1. 城市维护建设税的概念

城市维护建设税是以纳税人实际缴纳的增值税、消费税税额为计税依据所征收的一种税，主要目的是筹集城镇设施建设和维护资金。

2. 城市维护建设税的计算公式

应交城市维护建设税＝实际缴纳的增值税、消费税税额 × 适用税率

3. 城市维护建设税的账务处理

（1）企业按规定计算出应缴纳的城市维护建设税，应借记“税金及附加”科目，贷记“应交税费——应交城市维护建设税”科目。

（2）企业缴纳城市维护建设税时，应借记“应交税费——应交城市维护建设税”科目，贷记“银行存款”科目。

（四）教育费附加

1. 教育费附加的概念

教育费附加是以纳税人实际缴纳的增值税、消费税税额为计征依据而征收的一种费用。其目的是加快发展教育事业，扩大教育经费资金来源。

2. 教育费附加的计算公式

应交教育费附加 = 实际缴纳的增值税、消费税税额 × 征收比率

3. 教育费附加的账务处理

（1）企业按规定计算出应缴纳的教育费附加，应借记“税金及附加”科目，贷记“应交税费——应交教育费附加”科目。

（2）企业缴纳教育费附加时，应借记“应交税费——应交教育费附加”科目，贷记“银行存款”科目。

（五）个人所得税

个人所得税是对个人（自然人）取得的各项应税所得征收的一种所得税。企业按规定计算的代扣代缴的职工个人所得税，应当借记“应付职工薪酬——工资”科目，贷记“应交税费——应交个人所得税”科目。

企业缴纳个人所得税时，应当借记“应交税费——应交个人所得税”科目，贷记“银行存款”科目。

职业能力训练

一、职业分析能力训练

【分析思考】

1.[多项选择题]下列各项中，企业应通过“应交税费”科目核算的有（　　）。

A. 计算应缴纳的城市维护建设税

B. 对外转让厂房应缴纳的土地增值税

C. 购买印花税票应缴纳的印花税

D. 对外销售应税产品应缴纳的资源税

2.[单项选择题]下列各项中，不得从销项税额中抵扣进项税额的是（　　）。

A. 购进生产用燃料所支付的增值税税款

B. 不合格产品耗用材料所支付的增值税税款

C. 因管理不善被盗材料所支付的增值税税款

D. 购进不动产耗用装修材料所支付的增值税税款

二、职业实践能力训练

（一）增值税实践能力训练

1. 业务描述

【业务 1】某企业购入原材料一批，增值税专用发票上注明的价款为 15 000 元，增值税税额为 1 950 元，材料已验收入库，公司已开出承兑商业汇票。

【业务 2】某企业购入农产品一批，农产品收购发票上注明的买价为 150 000 元，该农产品准予抵扣的进项税额按买价的 9% 计算确定。货物尚未到达，价款已用银行存款支付。

【业务 3】某企业库存材料因管理不善而发生意外火灾损失，有关增值税专用发票注明的材料成本为 10 000 元，增值税税额为 1 300 元。

【业务 4】某企业领用一批外购原材料用于集体福利消费，该批原材料的成本为 40 000 元，购入时支付的增值税进项税额为 5 200 元。

【业务 5】某企业销售产品一批，开具增值税专用发票上注明的价款为 70 000 元，增值税税额为 9 100 元，款项尚未收到。

【业务 6】某企业将自产的一批产品对外捐赠。该批产品的成本为 180 000 元，计税价格为 220 000 元。开具的增值税专用发票上注明的增值税税额为 28 600 元。

【业务 7】某企业用银行存款缴纳当月增值税 150 000 元。

【业务 8】某企业月末，将尚未缴纳的增值税税款 11 000 元转账。

【业务 9】某企业缴纳上月未缴增值税 11 000 元。

【业务 10】某工业企业为增值税小规模纳税人，适用的增值税征收率为 3%。该企业本期购入原材料，取得的增值税专用发票上注明的货款为 50 000 元，增值税税额为 6 500 元，企业已开出、承兑商业汇票，材料验收入库。该企业本期销售产品，含税价格为 80 000 元，货款尚未收到。月末用银行存款缴纳本月增值税。

2. 训练目标

能够根据发生的经济业务，熟练地进行增值税的账务处理。

3. 训练内容

（1）请对表 7–12 中的账户进行解析。

表7-12

账户名称	类　别	借　方	贷　方	余　额
应交税费——应交增值税				
应交税费——未交增值税				

（2）请根据业务描述在表7-13中编写各业务的会计分录。

表7-13

业务序号	会计分录
【业务1】	
【业务2】	
【业务3】	
【业务4】	
【业务5】	
【业务6】	
【业务7】	

续表

业务序号	会计分录
【业务8】	
【业务9】	
【业务10】	

（二）消费税实践能力训练

1. 业务描述

【业务1】甲公司销售化妆品，增值税专用发票上注明的价款为10 000元，增值税税额为1 300元，销售款项已存入银行。适用的消费税税率为15%。

【业务2】甲公司委托A企业加工一批材料，发出材料成本为150 000元，加工费为60 000元，增值税税额为7 800元，由受托方A企业代收代缴的消费税为6 000元，材料已经加工完毕并验收入库，加工费用尚未支付（委托加工物资收回后继续用于生产应税消费品）。

【业务3】甲公司委托A企业加工一批材料，发出材料成本为150 000元，加工费为60 000元，增值税税额为7 800元，由受托方A企业代收代缴的消费税为6 000元，材料已经加工完毕并验收入库，加工费用尚未支付（委托加工物资收回后直接对外销售）。

2. 训练目标

能够根据发生的经济业务，熟练地进行消费税的账务处理。

3. 训练内容

（1）请对表7-14中的账户进行解析。

表7-14

账户名称	类 别	借 方	贷 方	余 额
应交税费——应交消费税				

（2）请根据业务描述在表 7-15 中编写各业务的会计分录。

表7-15

业务序号	会计分录
【业务1】	
【业务2】	
【业务3】	

（三）城市维护建设税和教育费附加及地方教育费附加实践能力训练

1. 业务描述

【业务 1】甲公司实际缴纳的增值税为 95 000 元，消费税为 20 000 元，适用的城市维护建设税税率为 7%，计提城市维护建设税。

【业务 2】甲公司实际缴纳的增值税为 95 000 元，未发生缴纳消费税的业务，教育费附加的征收率为 3%、地方教育费附加的征收率为 2%，计提教育费附加、地方教育费附加。

【业务 3】接【业务 1】和【业务 2】，缴纳城市维护建设税、教育费附加和地方教育费附加。

2. 训练目标

能够根据发生的经济业务，熟练地进行城市维护建设税、教育费附加和地方教育费附加的账务处理。

3. 训练内容

（1）请对表 7-16 中的账户进行解析。

表7-16

账户名称	类　别	借　方	贷　方	余　额
应交税费——应交城市维护建设税				

续表

账户名称	类 别	借 方	贷 方	余 额
应交税费——应交教育费附加				
应交税费——应交地方教育费附加				

（2）请根据业务描述在表7-17中编写各业务的会计分录。

表7-17

业务序号	会计分录
【业务1】	
【业务2】	
【业务3】	

德育园地

中宣部等部门联合印发《通知》治理影视行业天价片酬、“阴阳合同”、偷逃税等问题

中央宣传部、文化和旅游部、国家税务总局、国家广播电视总局、国家电影局等联合印发《通知》，要求加强对影视行业天价片酬、“阴阳合同”、偷逃税等问题的治理，控制不合理片酬，推进依法纳税，促进影视业健康发展。

《通知》指出，近年来，我国影视业快速发展，整体呈现出良好态势。

同时，也暴露出天价片酬、“阴阳合同”、偷逃税等问题。这些问题不仅推高影视节目制作成本，影响影视创作整体品质，破坏影视行业健康生态，而且滋长拜金主义倾向，误导青少年盲目追星，扭曲社会价值观念，必须采取有效措施切实加以整治。

《通知》强调，要制定出台影视节目片酬执行标准，明确演员和节目嘉宾最高片酬限额，现阶段，严格落实已有规定，每部电影、电视剧、网络视听节目全部演员、嘉宾的总片酬不得超过制作总成本的40%，主要演员片酬不得超过总片酬的70%。影视行业主管部门要加强监管，对影视明星参与综艺娱乐节目、亲子类节目、真人秀节目等进行调控，严格执行网络视听节目审批制度，严格规范影视剧、网络视听节目片酬合同管理，加大对偷逃税行为的惩戒力度。电视台、影视制作机构、电影院线、互联网视听网站、民营影视发行放映公司，不得恶性竞争、哄抬价格购买播出影视节目，坚决纠正高价邀请明星、竞逐明星的不良现象。政府资金、免税的公益基金等不得参与投资娱乐性、商业性强的影视剧和网络视听节目、助长过高片酬。

《通知》要求，坚持把社会效益放在首位，坚决反对唯票房、唯收视率、唯点击率。要加强影视行业征信体系建设，强化行业协会组织管理能力，健全经纪公司、经纪人管理机制，加强对从业人员的教育监督。各级各类媒体要加强宣传引导和舆论监督，强化对娱乐新闻报道的总量控制，为影视业健康发展营造良好舆论氛围。

资料来源：https://baijiahao.baidu.com/s?id=1604436205807518614&wfr=spider&for=pc，有删改。

学习讨论

税收与国家的发展息息相关，与人的幸福生活紧密关联。依法纳税是每个公民应尽的义务。请同学们讨论，如何做一个诚信纳税的公民？

任务八 核算短期借款

夯实基础知识

一、短期借款的概念

微课

短期借款利息费用

短期借款是指企业向银行或其他金融机构等借入的期限在 1 年（含 1 年）以下的各种款项。

二、核算短期借款应设置的会计科目

核算短期借款应设置“短期借款”“应付利息”科目。“短期借款”科目属于负债类科目，用来核算企业短期借款的取得、偿还等情况。本科目可按借款种类、贷款人和币种进行明细分类核算。

“应付利息”科目属于负债类科目，用来核算企业按照合同约定应支付的利息。本科目可按债权人进行明细分类核算。

三、短期借款核算的内容

1. 取得借款

企业从银行或其他金融机构取得短期借款时，借记“银行存款”科目，贷记“短期借款”科目。

2. 计算利息

借款利息的计算公式为

借款利息 = 借款本金 × 借款期限 × 借款利率

按月预提短期借款利息费用，借记“财务费用”科目，贷记“应付利息”科目。实际支付利息时，借记“应付利息”科目，贷记“银行存款”科目。

如果利息数额不大，可以不采用预提的方法，而在实际支付时直接计入当期损益，借记“财务费用”科目，贷记“银行存款”科目。

3. 到期偿还借款

短期借款到期偿还本金时，应当借记“短期借款”科目，贷记“银行存款”科目。

职业能力训练

一、职业分析能力训练

【分析思考】

[判断] 在短期借款金额不大的情况下可以不计提利息，在实际支付时直接计入当期损益。（　）

二、职业实践能力训练

（一）业务描述

【业务 1】某企业 1 月 1 日向银行借入生产经营用短期借款 36 000 元，期限 3 个月，年利率为 5%，该借款利息于借款到期时连同本金一起归还。

【业务 2】某企业 1 月 1 日向银行借入生产经营用短期借款 36 000 元，期限 3 个月，年利率为 5%，该借款本金到期时一次归还，利息按月支付。

（二）训练目标

能够根据发生的经济业务，熟练地进行短期借款的账务处理。

（三）训练内容

1. 请对表 7–18 中的账户进行解析。

表7–18

账户名称	类　别	借　方	贷　方	余　额	明细核算
短期借款					
应付利息					

2. 请根据业务描述在表 7–19 中编写各业务的会计分录。

表7–19

业务序号	会计分录
【业务1】	

续表

业务序号	会计分录
【业务2】	

财经知识拓展

借 款 合 同

第六百六十七条　借款合同是借款人向贷款人借款，到期返还借款并支付利息的合同。

第六百六十八条　借款合同应当采用书面形式，但是自然人之间借款另有约定的除外。

借款合同的内容一般包括借款种类、币种、用途、数额、利率、期限和还款方式等条款。

第六百六十九条　订立借款合同，借款人应当按照贷款人的要求提供与借款有关的业务活动和财务状况的真实情况。

第六百七十条　借款的利息不得预先在本金中扣除。利息预先在本金中扣除的，应当按照实际借款数额返还借款并计算利息。

第六百七十一条　贷款人未按照约定的日期、数额提供借款，造成借款人损失的，应当赔偿损失。

借款人未按照约定的日期、数额收取借款的，应当按照约定的日期、数额支付利息。

第六百七十二条　贷款人按照约定可以检查、监督借款的使用情况。借款人应当按照约定向贷款人定期提供有关财务会计报表或者其他资料。

第六百七十三条　借款人未按照约定的借款用途使用借款的，贷款人可以停止发放借款、提前收回借款或者解除合同。

第六百七十四条　借款人应当按照约定的期限支付利息。对支付利息的期限没有约定或者约定不明确，依据本法第五百一十条的规定仍不能确定，借款期间不满一年的，应当在返还借款时一并支付；借款期间一年以上的，应当在每届满一年时支付，剩余期间不满一年的，应当在返还借款时一并支付。

第六百七十五条　借款人应当按照约定的期限返还借款。对借款期限没有约定或者约定不明确，依据本法第五百一十条的规定仍不能确定的，借款人可以随时返还；贷款人可以催告借款人在合理期限内返还。

第六百七十六条　借款人未按照约定的期限返还借款的，应当按照约定或者国家有关规定支付逾期利息。

第六百七十七条　借款人提前返还借款的，除当事人另有约定外，应当按照实际借款的期间计算利息。

第六百七十八条　借款人可以在还款期限届满前向贷款人申请展期；贷款人同意的，可以展期。

第六百七十九条　自然人之间的借款合同，自贷款人提供借款时成立。

第六百八十条　禁止高利放贷，借款的利率不得违反国家有关规定。

借款合同对支付利息没有约定的，视为没有利息。

借款合同对支付利息约定不明确，当事人不能达成补充协议的，按照当地或者当事人的交易方式、交易习惯、市场利率等因素确定利息；自然人之间借款的，视为没有利息。

资料来源：《中华人民共和国民法典》。

【学习讨论】

（1）学习借款合同，明确借款人的权利和义务。

（2）讨论：怎么看待企业的负债经营？

思维导图

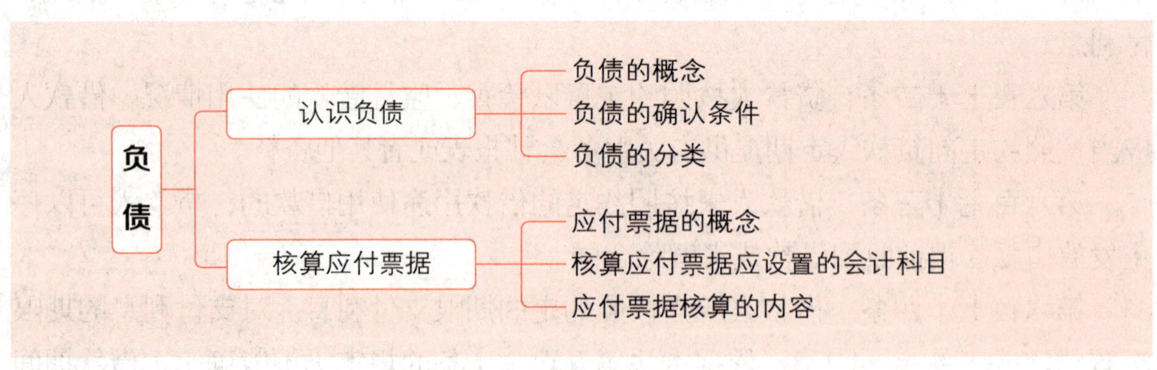

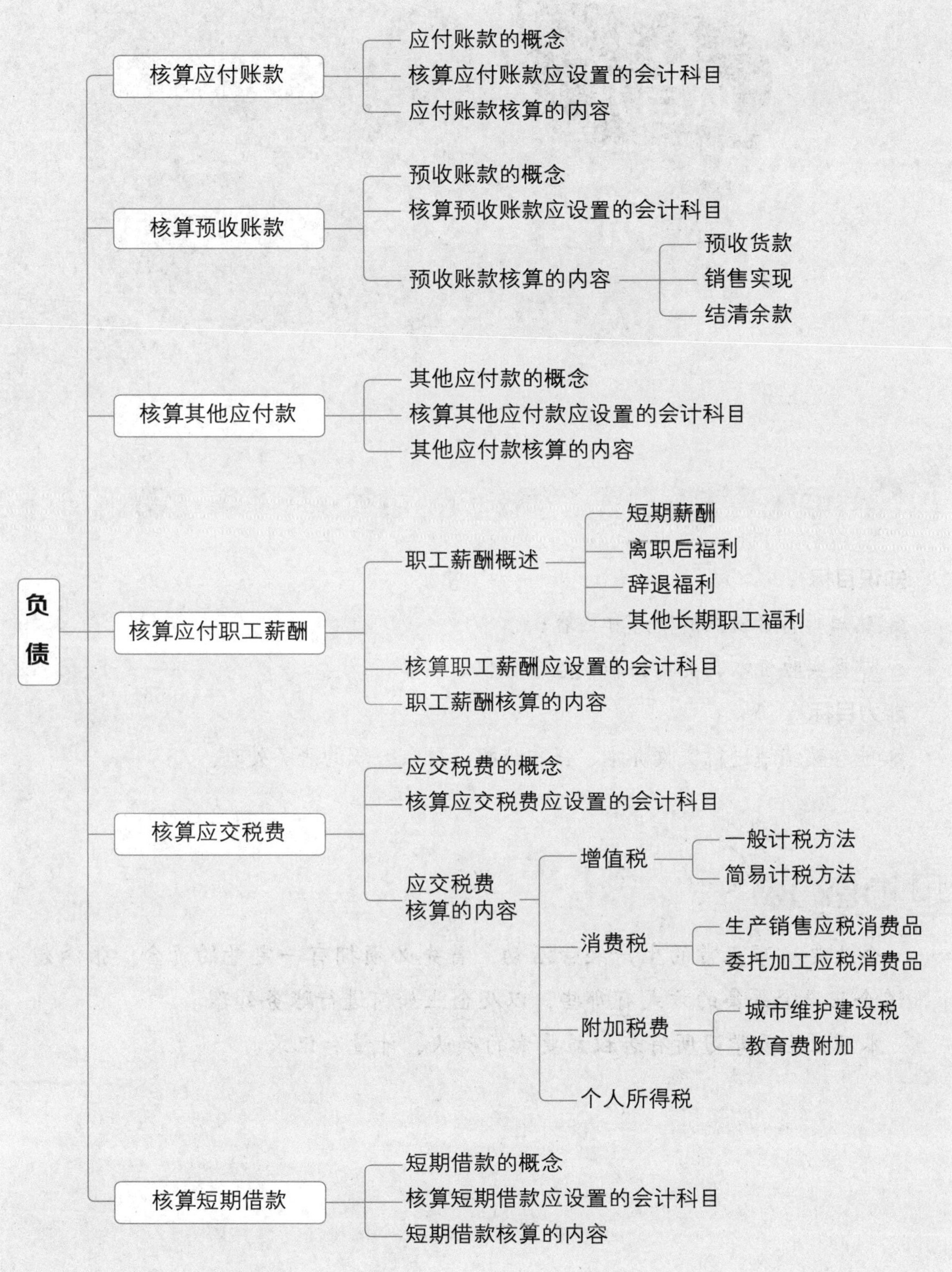
负债
核算应付账款
应付账款的概念
核算应付账款应设置的会计科目
应付账款核算的内容
核算预收账款
预收账款的概念
核算预收账款应设置的会计科目
预收账款核算的内容
预收货款
销售实现
结清余款
核算其他应付款
其他应付款的概念
核算其他应付款应设置的会计科目
其他应付款核算的内容
核算应付职工薪酬
职工薪酬概述
短期薪酬
离职后福利
辞退福利
其他长期职工福利
核算职工薪酬应设置的会计科目
职工薪酬核算的内容
核算应交税费
应交税费的概念
核算应交税费应设置的会计科目
应交税费核算的内容
增值税
一般计税方法
简易计税方法
消费税
生产销售应税消费品
委托加工应税消费品
附加税费
城市维护建设税
教育费附加
个人所得税
核算短期借款
短期借款的概念
核算短期借款应设置的会计科目
短期借款核算的内容

项目八 所有者权益

学习目标

知识目标

- 熟知所有者权益的概念和内容；
- 掌握实收资本、资本公积、盈余公积的核算。

能力目标

- 能够熟练地进行实收资本、资本公积、盈余公积的账务处理。

项目导入

企业要从事正常的生产经营活动，首先必须拥有一定量的资金。张泽想知道企业资金筹集的方式有哪些，以及企业如何进行账务处理。

本项目主要学习所有者权益要素的确认、计量和记录。

任务一 认识所有者权益

夯实基础知识

一、所有者权益的概念

微课
所有者权益的分类

所有者权益是指企业资产扣除负债后，由所有者享有的剩余权益。所有者权益通常由实收资本（或股本）、资本公积和留存收益等构成。

二、所有者权益的特征

所有者权益的具体特征如下：

（1）所有者权益是企业可长久使用的资金来源，除非发生减资、清算或分派现金股利，企业不需要偿还所有者权益。

（2）企业在清算时，所有者权益的清偿列在负债之后。可见，债权人对企业资产的要求权优先于所有者，当企业进行清算时，在支付了破产、清算费用后，将优先用于偿还负债，如有剩余资产，才能按比例返还给所有者。

（3）所有者凭借所有者权益能够参与企业利润的分配。

职业能力训练

【分析思考】

结合所有者权益的特征，分析所有者权益与负债的区别。

____

____

任务二 核算实收资本（或股本）

夯实基础知识

一、实收资本（或股本）的概念

微课
实收资本

实收资本（或股本）是指企业按照章程规定或合同、协议约定，接受投资者投入企业的资本。实收资本的构成比例或股东的股份比例，是确定所有者在企业所有者权益中份额的基础，也是企业据以向投资者进行利润或股利分配的主要依据。

二、核算实收资本（或股本）应设置的会计科目

核算实收资本（或股本）时，股份有限公司应设置“股本”科目，其他各类企业应设置“实收资本”科目。“实收资本（或股本）”科目属于所有者权益类科目，用以核算企业投资者投入资本的增减变动及结存情况。本科目可按投资者进行明细分类核算。

三、实收资本（或股本）核算的内容

（一）实收资本（或股本）增加

1. 初始投资

投资者既可以用货币资金出资，也可以用固定资产、材料物资等实物资产和无形资产作价出资。

（1）接受现金资产投资。企业接受现金资产投资时，借记“银行存款”等科目，按其在注册资本（或股本）中所占份额，贷记“实收资本（或股本）”科目，按其差额，贷记“资本公积——资本溢价（或股本溢价）”科目。

（2）接受非现金资产投资。企业接受投资者作价投入的固定资产、材料物资、无形资产等，应按投资合同或协议约定的价值作为固定资产、材料物资、无形资产的入账价值（但投资合同或协议约定价值不公允的除外），借记“固定资产”“原材料”“无形资产”“应交税费——应交增值税（进项税额）”等科目，按

其在注册资本（或股本）中所占份额，贷记“实收资本（或股本）”科目，按其差额，贷记“资本公积——资本溢价（或股本溢价）”科目。

2. 追加投资

企业接受投资者追加投资时，核算方法与初始投资相同。

3. 资本公积转增资本

用资本公积转增资本时，借记“资本公积——资本溢价（或股本溢价）”科目，贷记“实收资本”（或“股本”）科目。

注：用资本公积转增资本时，应按原投资者各自出资比例计算确定各投资者相应增加的出资额。

4. 盈余公积转增资本

用盈余公积转增资本时，借记“盈余公积”科目，贷记“实收资本”（或“股本”）科目。

注：用盈余公积转增资本时，应按原投资者各自出资比例计算确定各投资者相应增加的出资额。

（二）实收资本（或股本）减少

1. 股份有限公司以外的企业减少实收资本

股份有限公司以外的企业按法定程序报经批准减少注册资本的，应按减少的注册资本金额减少实收资本，借记“实收资本”科目，贷记“银行存款”科目。

2. 股份有限公司减少股本

股份有限公司主要是采用回购本企业股票的方式来减少股本。股票回购是指股份有限公司从股票市场上购回本公司发行在外的一定数额的股票的行为。

（1）回购本公司股票。回购本公司股票时，公司按股票回购价格，应借记“库存股”科目，贷记“银行存款”等科目。

（2）注销库存股。

① 回购价格高于回购股票的面值。按回购股票的面值记入“股本”科目，按股票的回购价格记入“库存股”科目。回购价格高于回购股票面值的差额，首先，应冲减“资本公积——股本溢价”科目，如果“资本公积——股本溢价”科目金额不足冲减的，应依次冲减“盈余公积”“利润分配——未分配利润”等科目。因此，注销库存股时，应借记“股本”“资本公积——股本溢价”“盈余公积”“利润分配——未分配利润”等科目，贷记“库存股”科目。

② 回购价格低于回购股票的面值。按回购股票的面值记入“股本”科目，按

股票的回购价格记入“库存股”科目。回购价格低于回购股票面值的差额，记入“资本公积——股本溢价”等科目。因此，注销库存股时，应借记“股本”科目，贷记“库存股”“资本公积——股本溢价”等科目。

职业能力训练

一、职业分析能力训练

【分析思考】

如果你成立了一家公司，你希望投资者以什么形式对公司进行投资呢？

____

____

二、职业实践能力训练

（一）业务描述

【业务 1】某企业注册资本为 200 万元。根据合同约定，该企业收到甲投资者投入的资本 100 万元，乙投资者投入的资本 100 万元，款项已收妥入账。

【业务 2】收到丙企业投入不需安装的设备 1 台，合同约定的价值为 60 000 元，增值税税额为 7 800 元，设备验收合格，约定价值与公允价值相符。

【业务 3】收到丁公司投入的原材料一批和一项专利权，原材料投资协议约定的价值为 25 000 元，增值税税额为 3 250 元，材料已验收入库。专利权投资协议约定的价值为 250 000 元，增值税税额为 15 000 元。原材料和专利权的约定价值与公允价值均相符。

（二）训练目标

能够根据发生的经济业务，熟练地进行实收资本的账务处理。

（三）训练内容

1. 请对表 8-1 中的账户进行解析。

表8-1

账户名称	类　别	借　方	贷　方	余　额	明细核算
实收资本					

2. 请根据业务描述在表 8-2 中编写各业务的会计分录。

表8-2

业务序号	会计分录
【业务1】	
【业务2】	
【业务3】	

财经知识拓展

企业法人登记管理条例

第三章　登记条件和申请登记单位

第七条　申请企业法人登记的单位应当具备下列条件：

（一）名称、组织机构和章程；

（二）固定的经营场所和必要的设施；

（三）符合国家规定并与其生产经营和服务规模相适应的资金数额和从业人员；

（四）能够独立承担民事责任；

（五）符合国家法律、法规和政策规定的经营范围。

第八条　企业办理企业法人登记，由该企业的组建负责人申请。

独立承担民事责任的联营企业办理企业法人登记，由联营企业的组建负责人申请。

第四章　登记注册事项

第九条　企业法人登记注册的主要事项：企业法人名称、住所、经营场所、法定代表人、经济性质、经营范围、经营方式、注册资金、从业人数、经营期限、分支机构。

第十条　企业法人只准使用一个名称。企业法人申请登记注册的名称由登记主管机关核定，经核准登记注册后在规定的范围内享有专用权。

申请设立中外合资经营企业、中外合作经营企业和外资企业应当在合同、章程审批之前，向登记主管机关申请企业名称登记。

第十一条　登记主管机关核准登记注册的企业法人的法定代表人是代表企业行使职权的签字人。法定代表人的签字应当向登记主管机关备案。

第十二条　注册资金是国家授予企业法人经营管理的财产或者企业法人自有财产的数额体现。

企业法人办理开业登记，申请注册的资金数额与实有资金不一致的，按照国家专项规定办理。

第十三条　企业法人的经营范围应当与其资金、场地、设备、从业人员以及技术力量相适应；按照国家有关规定，可以一业为主，兼营他业。企业法人应当在核准登记注册的经营范围内从事经营活动。

第五章　开 业 登 记

第十四条　企业法人办理开业登记，应当在主管部门或者审批机关批准后30日内，向登记主管机关提出申请；没有主管部门、审批机关的企业申请开业登记，由登记主管机关进行审查。登记主管机关应当在受理申请后30日内，做出核准登记或者不予核准登记的决定。

第十五条　申请企业法人开业登记，应当提交下列文件、证件：

(一)组建负责人签署的登记申请书；

(二)主管部门或者审批机关的批准文件；

(三)组织章程；

(四)资金信用证明、验资证明或者资金担保；

(五)企业主要负责人的身份证明；

(六)住所和经营场所使用证明；

(七)其他有关文件、证件。

第十六条　申请企业法人开业登记的单位，经登记主管机关核准登记注册，领取《企业法人营业执照》后，企业即告成立。企业法人凭据《企业法人营业执照》可以刻制公章、开立银行账户、签订合同，进行经营活动。

登记主管机关可以根据企业法人开展业务的需要，核发《企业法人营业执照》副本。

【小组讨论】

从企业经营的角度来分析注册资金的作用。

任务三 核算资本公积

夯实基础知识

一、资本公积的概念

微课
资本公积

资本公积是指企业收到投资者出资额超出其在注册资本（或股本）中所占份额的部分，以及其他资本公积等。

资本公积包括资本溢价（或股本溢价）和其他资本公积等。形成资本溢价（或股本溢价）的原因有溢价发行股票、投资者超额缴入资本等。

二、资本公积与实收资本的区别

资本公积与实收资本都是企业所有者权益的构成内容。两者的具体区别如表 8–3 所示。

表8–3

项　目	资本公积	实收资本
定　义	资本公积是投资者的出资额超出其在注册资本中所占份额的部分，以及其他资本公积	实收资本是指投资者按照企业章程或合同、协议的约定，实际投入企业并依法进行注册的资本
性　质	资本公积是所有者共同的权益，它在未转增实收资本前，并未明确具体的投资主体，不能参与企业的控制和盈余分配	实收资本明确了投资的主体，是投资者对企业实施控制和盈余分配的基础

三、核算资本公积应设置的会计科目

核算资本公积应设置“资本公积”科目。“资本公积”科目属于所有者权益类科目，用以核算企业资本公积的增减变动及结存情况。本科目可按资本公积的类别进行明细分类核算。

四、资本公积核算的内容

（一）资本溢价

1. 资本溢价产生的原因

在企业创立时，投资者认缴的出资额与注册资本一致，一般不会产生资本溢价。但在企业重组或有新的投资者加入时，常常会出现资本溢价。因为在企业进行正常生产经营后，其资本利润率通常要高于企业初创阶段。另外，企业有内部积累，新投资者加入企业后对这些积累也要分享，所以新加入的投资者往往要付出大于原投资者的出资额，才能取得与原投资者相同的出资比例，投资者多缴的部分就形成了资本溢价。

2. 资本溢价的账务处理

企业接受投资者投入的资本，应当借记“银行存款”“原材料”“无形资产”“固定资产”“应交税费——应交增值税（进项税额）”等科目，按其在注册资本中所占份额，贷记“实收资本”科目，按其差额，贷记“资本公积——资本溢价”科目。

（二）股本溢价

1. 股本溢价产生的原因

股份有限公司是以发行股票的方式筹集股本的。股票可按面值发行，也可溢价发行，我国目前不准折价发行。股本溢价的数额等于股份有限公司发行股票时实际收到的款项超过股票面值总额的部分。

2. 股本溢价的账务处理

溢价发行股票，发行价格扣除相关的手续费、佣金等交易费用后实际收到的款项，应当记入“银行存款”科目的借方，股票面值部分记入“股本”科目的贷方，差额部分记入“资本公积——股本溢价”科目。

职业能力训练

一、职业分析能力训练

【分析思考】

1. 为什么追加投资时会产生资本溢价？

____

____

2.［多项选择题］下列关于资本公积的表述中，正确的有（　　）。

A. 资本公积可以用于转增资本

B. 溢价发行股票发生的相关交易费用可以冲减资本公积

C. 资本公积可以用于弥补上年度发生的亏损

D. 资本公积体现不同所有者的占有比例

二、职业实践能力训练

（一）业务描述

【业务 1】A 公司由甲、乙两位股东各投资 50 万元设立。设立时的实收资本为 100 万元。3 年后，又有丙投资者愿意加入该公司，并表示愿意出资 65 万元，享有甲、乙两位股东同等的权利，甲、乙两位股东表示同意。丙追加投资的款项已收妥入账。

【业务 2】接【业务 1】，因扩大经营规模需要，经批准，A 公司按原有出资比例将资本公积 15 万元转增资本。

（二）训练目标

能够根据发生的经济业务，熟练地进行资本公积的账务处理。

（三）训练内容

1. 请对表 8-4 中的账户进行解析。

表8-4

账户名称	类　别	借　方	贷　方	余　额	明细核算
资本公积					

2. 请根据业务描述在表 8-5 中编写各业务的会计分录。

表8-5

业务序号	会计分录
【业务1】	
【业务2】	

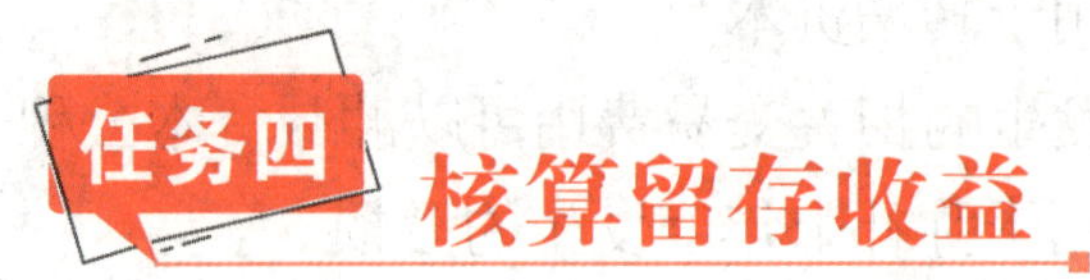

任务四 核算留存收益

夯实基础知识

一、留存收益的概念

留存收益是指企业从历年实现的利润中提取或形成的留存于企业的内部积累。留存收益包括盈余公积和未分配利润。

二、核算留存收益应设置的会计科目

核算留存收益应设置“盈余公积”科目。“盈余公积”科目属于所有者权益类科目，用来核算企业盈余公积的增减变动及结存情况。本科目下设“法定盈余公积”和“任意盈余公积”两个二级科目进行明细分类核算。

三、留存收益核算的内容

（一）盈余公积

微课
盈余公积

1. 盈余公积的概念

盈余公积是指企业按照有关规定从净利润中提取的积累资金。

2. 盈余公积的内容

公司制企业的盈余公积包括法定盈余公积和任意盈余公积。法定盈余公积是指企业按照规定的比例从净利润中提取的盈余公积。任意盈余公积是指企业按照股东会或股东大会决议提取的盈余公积。

3. 提取盈余公积的有关规定

如果期初未分配利润为亏损，计提盈余公积时的基数为当期实现的净利润扣除亏损之后的余额；如果期初未分配利润为盈利，计提盈余公积时的基数为当期实现的净利润。

4. 盈余公积的用途

企业提取的盈余公积可用于弥补亏损、转增资本、发放现金股利或利润。

5. 盈余公积的账务处理

（1）企业提取盈余公积时，应当借记“利润分配——提取法定盈余公积”“利润分配——提取任意盈余公积”等科目，贷记“盈余公积”科目。

（2）用盈余公积弥补亏损时，应当借记“盈余公积”科目，贷记“利润分配——盈余公积补亏”科目。

（3）用盈余公积转增资本时，应当借记“盈余公积”科目，贷记“实收资本（或股本）”科目。

（4）用盈余公积发放现金股利或利润时，应当借记“盈余公积”科目，贷记“应付股利”科目。

（二）未分配利润

未分配利润是指企业实现的净利润经过弥补亏损、提取盈余公积和向投资者分配利润后留存在企业的、历年结存的利润。未分配利润是所有者权益的重要组成部分，从数量上讲，未分配利润是期初未分配利润加上本期实现的净利润，减去提取的各种盈余公积和分配利润后的余额。

职业能力训练

一、职业分析能力训练

【分析思考】

1.［单项选择题］某企业年初未分配利润贷方余额为 100 万元，本年净利润为 1 500 万元，所得税费用为 500 万元，按 10% 计提法定盈余公积，按 5% 计提任意盈余公积，宣告发放现金股利为 80 万元，该企业期末未分配利润为（　　）万元。

A. 1 295　　B. 1 294　　C. 874　　D. 870

2.［判断题］企业提取的盈余公积，经批准可用于弥补亏损、转增资本、发放现金股利或利润。（　　）

3.［判断题］企业应以年初未分配利润和当年度实现的利润总额为基数计算提取法定盈余公积。（　　）

4.［判断题］企业计提法定盈余公积和任意盈余公积的比例都以法律规定为准。（　　）

二、职业实践能力训练

（一）业务描述

【业务 1】某公司实现净利润 900 000 元，公司股东大会决定，按当年净利润的 10% 提取法定盈余公积，按 5% 提取任意盈余公积。

【业务 2】某公司经股东大会批准，用以前年度提取的盈余公积弥补当年亏损 500 000 元。假定不考虑其他因素。

【业务 3】某公司因扩大经营规模需要，经股东会批准，公司将法定盈余公积 500 000 元转增资本。

【业务 4】某公司用盈余公积分派现金股利 100 000 元。

【业务 5】接【业务 4】，用银行存款支付现金股利 100 000 元。

（二）训练目标

能够根据发生的经济业务，熟练地进行盈余公积的账务处理。

（三）训练内容

1. 请对表 8–6 中的账户进行解析。

表8–6

账户名称	类　别	借　方	贷　方	余　额	明细核算
盈余公积					

2. 请根据业务描述在表 8–7 中编写各业务的会计分录。

表8–7

业务序号	会计分录
【业务1】	
【业务2】	
【业务3】	

续表

业务序号	会计分录
【业务4】	
【业务5】	

思维导图

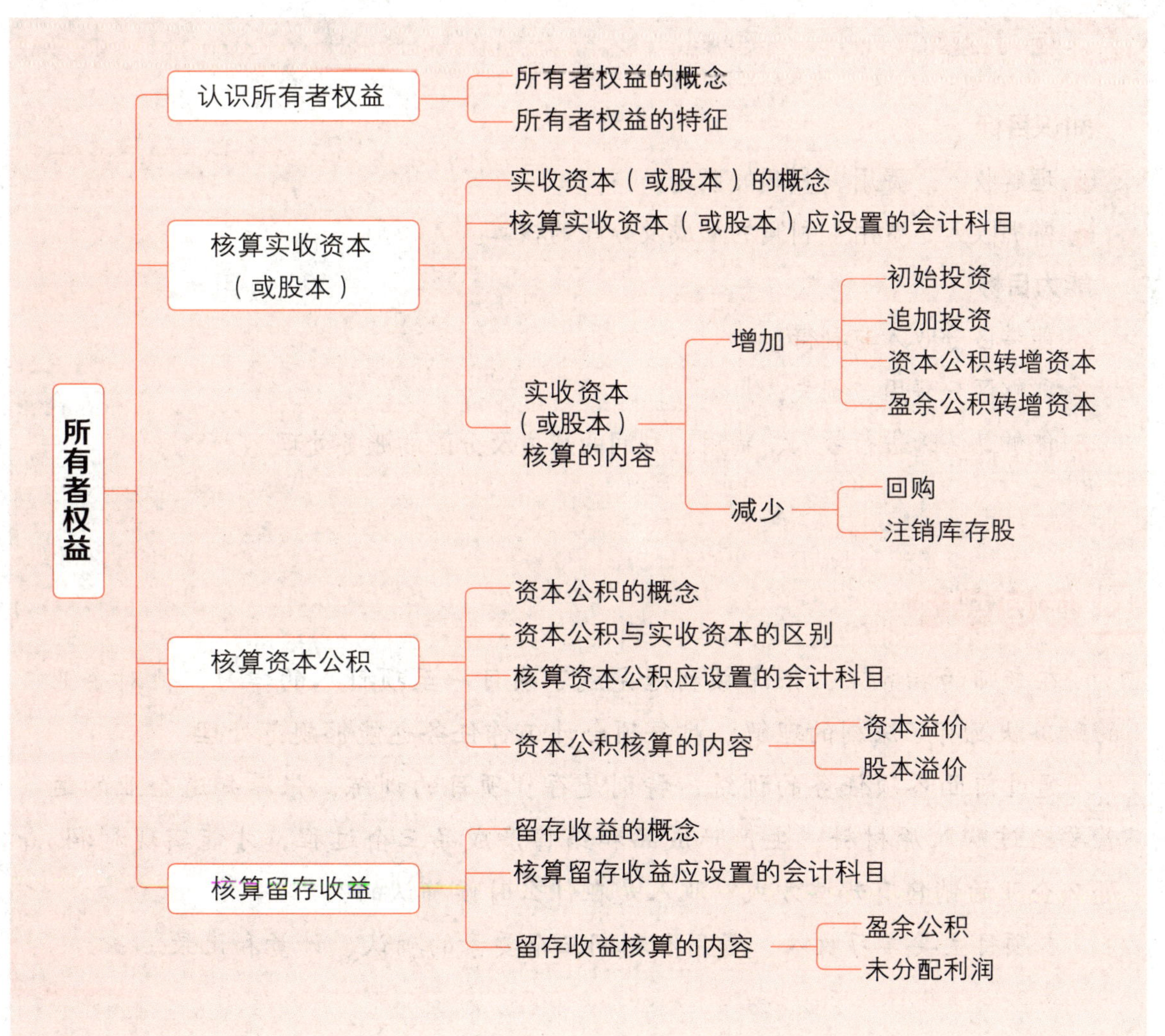

项目九 收入、费用和利润

学习目标

知识目标

- 理解收入、费用、利润的概念;
- 掌握收入、费用、利润的形成及分配的核算。

能力目标

- 能够区分收入与利得;
- 能够区分费用与损失;
- 能够熟练地进行收入、费用、利润的形成及分配的账务处理。

项目导入

在老师的指导下,张泽顺利地完成了项目一至项目八的学习,他对企业的财务状况有了深刻的理解,对每项会计工作任务也能够规范处理。

通过前面各项任务的训练,特别是存货项目的训练,张泽知道企业的运营要经过购入原材料、生产产成品和销售产成品三个过程,才能实现利润。那么企业的销售有哪些方式?收入是在什么时候确认的?

本项目主要学习收入、费用和利润三个要素的确认、计量和记录。

任务一 核算收入

夯实基础知识

一、收入的概念

收入是指企业在日常活动中形成的、会导致所有者权益增加的、与所有者投入资本无关的经济利益的总流入。利得是指由企业非日常活动所形成的、会导致所有者权益增加的、与所有者投入资本无关的经济利益的流入。

二、收入的确认条件

企业应当在履行了合同中的履约义务，即在客户取得相关商品控制权时确认收入。取得相关商品控制权是指能够主导该商品的使用并从中获得几乎全部的经济利益。

当企业与客户之间的合同同时满足下列条件时，企业应当在客户取得相关商品控制权时确认收入：

（1）合同各方已批准该合同并承诺将履行各自的义务。

（2）该合同明确了合同各方与所转让商品相关的权利和义务。

（3）该合同有明确的与所转让商品相关的支付条款。

（4）该合同具有商业实质，即履行该合同将改变企业未来现金流量的风险、时间分布或金额。

（5）企业因向客户转让商品而有权取得的对价很可能收回。

三、收入确认和计量的步骤

收入的确认和计量大致分为以下五步。

1. 识别与客户订立的合同

合同的存在是企业确认客户合同收入的前提，企业与客户之间的合同一经签订，企业即享有从客户取得与转移商品和服务对价的权利，同时负有向客户转移商品和服务的履约义务。

2. 识别合同中的单项履约义务

履约义务是指合同中企业向客户转让可明确区分商品的承诺。履约义务既包括合同中明确的承诺，也包括由于企业已公开宣布的政策、特定声明或以往的习惯做法等导致合同订立时客户合理预期企业将履行的承诺。

3. 确定交易价格

交易价格是指企业因向客户转让商品而预期有权收取的对价金额。企业代第三方收取的款项以及企业预期将退还给客户的款项，应当作为负债进行会计处理，不计入交易价格。

4. 将交易价格分摊至各单项履约义务

合同中包含两项或多项履约义务的，企业应当在合同开始日，按照各单项履约义务所承诺商品的单独售价的相对比例，将交易价格分摊至各单项履约义务。

5. 履行各单项履约义务时确认收入

当企业将商品转移给客户，客户取得了相关商品的控制权，意味着企业履行了合同履约义务，此时，企业应确认收入。

四、核算收入应设置的会计科目

核算收入应设置“主营业务收入”“其他业务收入”“发出商品”等科目。

1.“主营业务收入”科目

“主营业务收入”科目属于损益类科目，用来核算企业确认的销售商品、提供服务等主营业务的收入。本科目可按主营业务的种类进行明细分类核算。

2.“其他业务收入”科目

“其他业务收入”科目属于损益类科目，用来核算企业确认的除主营业务活动以外的其他经营活动实现的收入，包括出租固定资产、出租无形资产、出租包装物和商品、销售材料等实现的收入。本科目可按其他业务的种类进行明细分类核算。

3.“发出商品”科目

“发出商品”科目属于资产类科目，用来核算企业商品已经发出但尚未确认销售收入的商品成本。本科目可按发出商品的种类、品种和规格进行明细分类核算。

五、收入核算的内容

1. 一般情况下商品、材料销售业务

企业销售商品、材料实现的收入，借记“银行存款”“应收账款”“应收票据”“预收账款”等科目，贷记“主营业务收入”“其他业务收入”“应交税费——应交增值税（销项税额）”等科目。

期末将“主营业务收入”“其他业务收入”科目的余额转入“本年利润”科目，借记“主营业务收入”“其他业务收入”科目，贷记“本年利润”科目。结转后，“主营业务收入”“其他业务收入”科目无余额。

2. 涉及商业折扣的商品销售业务

微课
商业折扣

商业折扣是指企业为促进商品销售而给予的价格扣除。商业折扣在销售前即已发生，并不构成最终成交价格的一部分，因此，在销售时有商业折扣的情况下，企业应当按照扣除商业折扣后的金额确定商品销售收入金额，借记“银行存款”“应收账款”等科目，贷记“主营业务收入”“应交税费——应交增值税（销项税额）”等科目。

3. 涉及现金折扣的商品销售业务

微课
现金折扣

现金折扣是指销售方为鼓励购买方在规定的期限内付款而向购买方提供的债务扣除。现金折扣发生在商品销售之后，是否发生以及发生多少，要视客户的付款情况而定，企业在确认商品销售收入时，还不能确定现金折扣金额。因此，企业应当按照扣除现金折扣前的金额确定商品销售收入金额。现金折扣实际上是企业为了尽快回笼资金而发生的理财费用，应在实际发生时计入当期财务费用。

企业销售商品时，按照扣除现金折扣前的金额，应当借记“应收账款”科目，贷记“主营业务收入”“应交税费——应交增值税（销项税额）”等科目。

如果客户在折扣期内付款，应当借记“银行存款”“财务费用”科目，贷记“应收账款”科目；如果客户超过折扣期付款，则不能享受现金折扣，此时，应当借记“银行存款”科目，贷记“应收账款”科目。

4. 涉及销售折让的商品销售业务

销售折让是指企业因售出商品质量不符合要求等原因，而在售价上给予的减让。

销售折让发生在企业确认收入之前，按照商业折扣处理，企业扣除销售折让后的金额确定商品销售收入金额，应当借记“银行存款”“应收账款”等科目，贷

记“主营业务收入”“应交税费——应交增值税（销项税额）”等科目。

销售折让发生在企业确认收入之后，应当在发生时冲减当期销售商品收入，借记“主营业务收入”“应交税费——应交增值税（销项税额）”等科目，贷记“银行存款”“应收账款”等科目。

5. 销售退回的业务

销售退回是指企业售出的商品，由于质量、规格、品种不符合要求等原因而发生的退货。

已确认销售商品收入的售出商品发生销售退回的，除属于资产负债表日后事项的外，企业收到退回的商品时，应退回货款或冲减应收账款，并冲减主营业务收入和增值税销项税额，借记“主营业务收入”“应交税费——应交增值税（销项税额）”等科目，贷记“银行存款”“应收账款”等科目。

收到退回商品验收入库，按照商品成本，应当借记“库存商品”科目，贷记“主营业务成本”科目。

6. 已发出商品，但不能确认收入的业务

如果不符合收入的确认条件，即使商品已经发出，企业也不应该确认收入。已经发出的商品应当通过“发出商品”科目进行核算，借记“发出商品”科目，贷记“库存商品”科目。

当收到货款或取得收取货款权利时，确认收入，应当借记“银行存款”“应收账款”等科目，贷记“主营业务收入”“应交税费——应交增值税（销项税额）”等科目，同时结转已销商品成本，借记“主营业务成本”科目，贷记“发出商品”科目。

职业能力训练

一、职业分析能力训练

【分析思考】

1. 收入与利得有什么区别？

____

____

2. 某工业企业发生了以下经济业务：

□ 销售原材料取得收入。

□ 罚款收入。

□ 无法偿还的应付账款。

□ 无法查明原因的现金溢余。

□ 出售固定资产、无形资产净收益。

□ 收到捐赠收入。

□ 存货盘盈。

□ 出租包装物租金收入。

上述经济业务哪些属于企业的收入？请在前面的方框中打“√”。

3. 某会计网校开发并销售在线课程，其中会计师考试课程定价为每小时100元，满10小时享受9折，满20小时享受8折，并附有其他奖励性优惠。小王于2021年9月购买了10个学时的会计师考试课程，支付了900元。合同条款明确，赠送1本纸质习题册（习题册市场价为20元）。由于是新学员，另赠1小时的网上答疑（1小时答疑的市场价为50元）。截至9月底，小王完成在线听课8小时，收到了网校寄来的习题册，接受网上答疑0.5小时。

请结合收入确认和计量的步骤分析该笔经济业务。

____

____

4. 商业折扣与现金折扣有什么区别？商业折扣会不会影响应收账款的入账价值？

____

____

5.［多项选择题］下列各项中，制造企业应通过“其他业务收入”科目核算的有（　　）。

A. 出售固定资产取得价款

B. 随同商品销售单独计价包装物的销售收入

C. 销售生产用原材料取得的收入

D. 出租闲置设备收取的租金

6.［单项选择题］某企业销售商品7 000件，每件售价50元（不含增值税），增值税税率为13%，企业为购货方提供的商业折扣为15%，提供的现金折扣条件为“2/10，1/20，*n*/30”（计算现金折扣时不考虑增值税）。该企业在这项交易中应确认的收入金额为（　　）元。

A. 297 500　　B. 308 200　　C. 320 000　　D. 320 200

二、职业实践能力训练

（一）业务描述

【业务1】甲企业销售一批商品，增值税专用发票上注明的价款为40 000元，增值税税额为5 200元。商品已发出，款项已办妥托收手续。

【业务2】甲企业销售一批材料，增值税专用发票上注明的价款为20 000元，增值税税额为2 600元。材料已发出，收到商业承兑汇票1张。

【业务3】12月1日，甲企业销售一批商品，增值税专用发票上注明的价款为30 000元，增值税税额为3 900元。企业为了及早收回货款，在合同中规定的现金折扣条件为“2/10，1/20，*n*/30”。假定计算现金折扣时不考虑增值税。12月15日，企业收到货款。

【业务4】甲企业向A公司销售商品1 000件，每件售价100元，价款为100 000元，增值税税额为13 000元，由于A公司成批购入，企业给予A公司10%的折扣，并收到了A公司支付的货款。

【业务5】甲企业销售商品1 000件给B公司，增值税发票上注明的价款为60 000元，增值税税额为7 800元，款项尚未收到。货到后B公司发现商品质量不合格，经协商双方同意在价格上给予4%的折让，并办妥了有关手续。

【业务6】5月，甲企业销售一批商品给C公司，增值税发票上注明的价款为50 000元，增值税税额为6 500元，该批商品成本为30 000元。商品已发出，收到对方签发的转账支票1张。7月，该商品因质量严重不合格被C公司退回，收到退回商品，签发转账支票1张退回货款。

【业务7】6月1日，甲企业向乙公司销售商品一批。开出的增值税专用发票上注明的价款为10 000元，增值税税额为1 300元。该批产品成本为7 000元。商品已经发出，货款尚未收到。甲企业在销售该批商品时已经得知乙公司资金周转暂时发生困难，但是为了减少存货积压，同时为了维持与乙公司长期以来建立的商业关系，甲公司仍将商品发出。8月1日，乙公司资金困难情况逐渐好转，乙公司承诺于近期支付货款。

（二）训练目标

能够根据发生的经济业务，熟练地进行收入的账务处理。

（三）训练内容

1. 请对表9-1中的账户进行解析。

表9-1

账户名称	类　别	借　方	贷　方	余　额	明细核算
主营业务收入					
其他业务收入					
发出商品					

2. 请根据业务描述在表 9-2 中编写各业务的会计分录。

表9-2

业务序号	销售类型	会计分录
【业务1】		
【业务2】		
【业务3】		
【业务4】		
【业务5】		
【业务6】		

续表

业务序号	销售类型	会计分录
【业务7】		

财经知识拓展

促销在我们周围随处可见。促销是指厂家或商家通过抽奖、打折、积分等手段来增强产品的吸引力，以刺激消费者的购买欲望，提高产品的销售数量。

【小组讨论】

（1）通过网络调查，总结企业常用的促销手段。

（2）讨论分析这些促销手段的作用。

（3）设定某一种产品，为其选择合适的促销手段。

任务二 核算费用

夯实基础知识

一、费用的概念

费用是指企业在日常活动中发生的、会导致所有者权益减少的、与向所有者分配利润无关的经济利益的总流出。损失是指由企业非日常活动所发生的、会导致所有者权益减少的、与向所有者分配利润无关的经济利益的流出。

二、费用的分类

费用包括营业成本、税金及附加和期间费用。

营业成本是指企业为生产产品、提供服务等发生的可归属于产品成本、服务成本等的费用，应当在确认销售商品收入、提供服务收入时，将已销售商品、已提供服务的成本计入当期损益。营业成本包括主营业务成本和其他业务成本。

税金及附加是指企业经营活动应负担的相关税费。

期间费用是指企业日常活动发生的不能计入特定核算对象的成本，而应计入发生当期损益的费用。期间费用包括销售费用、管理费用和财务费用。

三、费用的确认条件

费用的确认，除了应当符合定义外，至少应当符合以下条件：

（1）与费用相关的经济利益应当很可能流出企业。

（2）经济利益流出企业的结果会导致资产的减少或者负债的增加。

（3）经济利益的流出额能够可靠地计量。

四、核算费用应设置的会计科目

核算费用应设置“主营业务成本”“其他业务成本”“销售费用”“管理费用”“财务费用”“税金及附加”科目。

1.“主营业务成本”科目

“主营业务成本”科目属于损益类科目，用来核算企业确认销售商品、提供服务等主营业务收入时应结转的成本。本科目可按主营业务的种类进行明细分类核算。

2.“其他业务成本”科目

“其他业务成本”科目属于损益类科目，用来核算企业确认的除主营业务活动以外的其他经营活动所形成的成本。本科目可按其他业务的种类进行明细分类核算。

3.“销售费用”科目

“销售费用”科目属于损益类科目，用来核算销售费用的发生和结转情况。本科目可按销售费用的项目进行明细分类核算。

4.“管理费用”科目

“管理费用”科目属于损益类科目，用来核算管理费用的发生和结转情况。本科目可按管理费用的项目进行明细分类核算。

5.“财务费用”科目

“财务费用”科目属于损益类科目，用来核算财务费用的发生和结转情况。本科目可按财务费用的项目进行明细分类核算。

6.“税金及附加”科目

“税金及附加”科目属于损益类科目，用来核算税金及附加的发生和结转情况。本科目可按税金及附加的项目进行明细分类核算。

五、费用核算的内容

（一）主营业务成本

1. 主营业务成本的概念

主营业务成本是指企业销售商品、提供服务等经常性活动所发生的成本。在确认主营业务收入的同一会计期间，应同步确认为获得主营业务收入而发生的主营业务成本。

2. 主营业务成本的账务处理

（1）企业结转已销售商品或提供劳务成本时，借记“主营业务成本”科目，贷记“库存商品”“发出商品”等科目。

（2）期末将“主营业务成本”科目的余额转入“本年利润”科目，借记“本年利润”科目，贷记“主营业务成本”科目，结转后，“主营业务成本”科目无余额。

（二）其他业务成本

1. 其他业务成本的概念

其他业务成本是指企业确认的除主营业务活动以外的其他日常经营活动所发生的支出，包括销售材料的成本、对外出租固定资产的折旧额、对外出租无形资产的摊销额、出租包装物的成本等。在确认其他业务收入的同一会计期间，应同步确认为获得其他业务收入而发生的其他业务成本。

2. 其他业务成本的账务处理

（1）企业结转已销售材料的成本、出租包装物的成本、出租固定资产的折旧额、出租无形资产的摊销额等，应当借记“其他业务成本”科目，贷记“原材料”“周转材料”“累计折旧”“累计摊销”等科目。

（2）期末将“其他业务成本”科目的余额转入“本年利润”科目，借记“本年利润”科目，贷记“其他业务成本”科目，结转后，“其他业务成本”科目无余额。

（三）销售费用

微课 销售费用

1. 销售费用的概念

销售费用是指企业销售商品和材料、提供劳务的过程中发生的各

种费用，包括企业在销售商品过程中发生的保险费、包装费、展览费和广告费、商品维修费、预计产品质量保证损失、运输费、装卸费等，以及为销售本企业商品而专设的销售机构（含销售网点、售后服务网点等）的职工薪酬、业务费、折旧费等经营费用。企业发生的与专设销售机构相关的固定资产修理费用等后续支出也属于销售费用。

2. 销售费用的账务处理

（1）企业发生各项销售费用时，应借记“销售费用”“应交税费——应交增值税（进项税额）”等科目，贷记“银行存款”“累计折旧”“应付职工薪酬”等科目。

（2）期末将“销售费用”科目的余额转入“本年利润”科目，应借记“本年利润”科目，贷记“销售费用”科目，结转后，“销售费用”科目无余额。

（四）管理费用

1. 管理费用的概念

管理费用是指企业为组织和管理生产经营发生的各种费用，包括企业在筹建期间内发生的开办费、董事会和行政管理部门在企业的经营管理中发生的以及应由企业统一负担的公司经费（包括行政管理部门职工薪酬、物料消耗、低值易耗品摊销、办公费和差旅费等）、行政管理部门负担的工会经费、董事会费（包括董事会成员津贴、会议费和差旅费等）、聘请中介机构费、咨询费（含顾问费）、诉讼费、业务招待费、技术转让费、研究费用等。企业生产车间（部门）和行政管理部门发生的固定资产修理费用等后续支出也作为管理费用核算。

2. 管理费用的账务处理

（1）企业发生各项管理费用时，应借记“管理费用”“应交税费——应交增值税（进项税额）”等科目，贷记“银行存款”“累计折旧”“累计摊销”“应付职工薪酬”等科目。

（2）期末将“管理费用”科目的余额转入“本年利润”科目，应借记“本年利润”科目，贷记“管理费用”科目，结转后，“管理费用”科目无余额。

（五）财务费用

1. 财务费用的概念

财务费用是指企业为筹集生产经营所需资金等而发生的筹资费用，包括利息支出（减利息收入）、汇兑损益以及相关的手续费、企业发生或收到的现金折扣等。

2. 财务费用的账务处理

（1）企业发生各项财务费用时，应借记“财务费用”等科目，贷记“应付利息”“银行存款”“应收账款”“应收票据”等科目。

企业收到银行存款利息时，应借记“银行存款”科目，贷记“财务费用”科目。

企业在购买材料业务中获得对方给予的现金折扣时，应借记“应付账款”科目，贷记“财务费用”科目。

（2）期末将“财务费用”科目的余额转入“本年利润”科目，应借记“本年利润”科目，贷记“财务费用”科目，结转后，“财务费用”科目无余额。

（六）税金及附加

1. 税金及附加的概念

税金及附加是指企业经营活动应负担的相关税费，包括消费税、城市维护建设税、资源税、教育费附加、地方教育费附加、房产税、车船税、城镇土地使用税、印花税、土地增值税等。

2. 税金及附加的账务处理

（1）企业按规定计算与经营活动相关的消费税、城市维护建设税、资源税、教育费附加、地方教育费附加、房产税、车船税、城镇土地使用税、土地增值税等，应借记“税金及附加”科目，贷记“应交税费”科目。

企业缴纳的印花税，不会发生应付未付税款的情况，不需要预计应纳税金额。因此企业缴纳的印花税不通过“应交税费”科目核算，于购买印花税票时，直接借记“税金及附加”科目，贷记“银行存款”科目。

（2）期末将“税金及附加”科目的余额转入“本年利润”科目，应借记“本年利润”科目，贷记“税金及附加”科目，结转后，“税金及附加”科目无余额。

职业能力训练

一、职业分析能力训练

【分析思考】

1. 费用与损失有什么区别？

____

____

2. 某工业企业发生以下经济业务：

（1）销售原材料的成本支出。

（2）罚款支出。

（3）管理人员工资。

（4）短期借款利息。

（5）处置无形资产净损失。

（6）公益性捐赠。

（7）税收滞纳金。

（8）广告费。

（9）印花税。

问题：上述经济业务哪些属于企业的费用？

____

____

3.［多项选择题］下列关于费用的说法中，正确的有（　　）。

A. 营业成本包括主营业务成本、其他业务成本、期间费用

B. 期间费用是指企业日常活动发生的不能计入特定核算对象的成本

C. 期间费用包括销售费用、制造费用和财务费用

D. 费用是指企业在日常活动中发生的、会导致所有者权益减少的、与向所有者分配利润无关的经济利益的总流出

4.［多项选择题］下列各项中，导致企业期间费用增加的有（　　）。

A. 确认销售人员的薪酬

B. 计提行政部门固定资产的折旧费

C. 以银行存款支付生产车间的水费

D. 以银行存款偿还银行短期借款的本金

5.［多项选择题］下列各项中，属于企业利润表中“税金及附加”项目列示内容的有（　　）。

A. 商品购销业务应负担的教育费附加

B. 出租房产应缴纳的房产税

C. 商品购销业务应负担的城市维护建设税

D. 销售商品产生的增值税

二、职业实践能力训练

（一）业务描述

【业务 1】A 企业销售产品 100 件，每件售价 320 元，每件成本 160 元。增值税专用发票上注明该批产品的价款为 32 000 元，增值税税额为 4 160 元。企业收到 1 张已承兑的包含全部款项的商业汇票。

【业务 2】A 企业销售一批原材料，增值税专用发票上注明的价款为 30 000 元，增值税税额为 3 900 元，款项收到存入银行。该批原材料的成本为 25 000 元。

【业务 3】A 企业计提本月经营租出固定资产折旧 6 000 元。

【业务 4】A 企业摊销出租无形资产价值 1 000 元。

【业务 5】A 企业用银行存款支付广告费，增值税专用发票上列明广告费 50 000 元，增值税税额为 3 000 元。

【业务 6】A 企业聘请法律顾问，用银行存款支付咨询费 2 120 元，增值税专用发票上列明的价款为 2 000 元，增值税税额为 120 元。

【业务 7】A 企业收到银行存款利息入账通知单，利息收入 2 000 元。支付本月短期借款利息 3 000 元。

【业务 8】A 企业计算出本月应负担的城市维护建设税 4 845 元，教育费附加 2 076 元，地方教育费附加 1 384 元。

【业务 9】用银行存款支付印花税 600 元。

（二）训练目标

能够根据发生的经济业务，熟练地进行费用的账务处理。

（三）训练内容

1. 请对表 9-3 中的账户进行解析。

表9-3

账户名称	类　别	借　方	贷　方	余　额	明细核算
主营业务成本					
其他业务成本					

续表

账户名称	类　别	借　方	贷　方	余　额	明细核算
销售费用					
管理费用					
财务费用					
税金及附加					

2. 请根据业务描述在表 9-4 中编写各业务的会计分录。

表9-4

业务序号	会计分录
【业务1】	
【业务2】	
【业务3】	
【业务4】	
【业务5】	

续表

业务序号	会计分录
【业务6】	
【业务7】	
【业务8】	
【业务9】	

德育园地

积极的财政政策要更加积极有为。要大力优化财政支出结构，基本民生支出只增不减，重点领域支出要切实保障，一般性支出要坚决压减，严禁新建楼堂馆所，严禁铺张浪费。各级政府必须真正过紧日子，中央政府要带头，中央本级支出安排负增长，其中非急需非刚性支出压减50%以上。各类结余、沉淀资金要应收尽收、重新安排。要大力提质增效，各项支出务必精打细算，一定要把每一笔钱都用在刀刃上、紧要处，一定要让市场主体和人民群众有真真切切的感受。

资料来源：2020年政府工作报告《今年发展主要目标和下一阶段工作总体部署》。

学习讨论

“历览前贤国与家，成由勤俭败由奢”，青年学子应如何传承优良传统？

核算利润

夯实基础知识

一、利润的概念

利润是指企业在一定会计期间的经营成果。利润包括收入减去费用后的净额、直接计入当期利润的利得和损失等。

利润的相关计算公式分别如下：

（1）营业利润。营业利润的计算公式为

营业利润＝营业收入－营业成本－税金及附加－销售费用－管理费用－研发费用－财务费用＋其他收益＋投资收益（损失“－”）＋公允价值变动收益（损失“－”）＋信用减值损失（损失“－”）＋资产减值损失（损失“－”）＋资产处置收益（损失“－”）

（2）利润总额。利润总额的计算公式为

利润总额＝营业利润＋营业外收入－营业外支出

（3）净利润。净利润的计算公式为

净利润＝利润总额－所得税费用

微课
企业所得税

二、核算利润应设置的会计科目

核算利润应设置“营业外收入”“营业外支出”“所得税费用”“本年利润”“利润分配”“应付股利”等科目。

1.“营业外收入”科目

“营业外收入”科目属于损益类科目，用来核算营业外收入的发生和结转情况。本科目可按营业外收入的项目进行明细分类核算。

2.“营业外支出”科目

“营业外支出”科目属于损益类科目，用来核算营业外支出的发生和结转情况。本科目可按营业外支出的项目进行明细分类核算。

3.“所得税费用”科目

“所得税费用”科目属于损益类科目，用来核算所得税费用的发生和结转情况。

4.“本年利润”科目

“本年利润”科目属于所有者权益类科目，用来核算本年度实现的净利润（或发生的净亏损）。

5.“利润分配”科目

“利润分配”科目属于所有者权益类科目，用来核算利润的分配（或亏损的弥补）和历年分配（或弥补）后的未分配利润（或未弥补亏损）。本科目下设“提取法定盈余公积”“提取任意盈余公积”“应付现金股利或利润”“盈余公积补亏”“未分配利润”等二级科目进行明细分类核算。

6.“应付股利”科目

“应付股利”科目属于负债类科目，用来核算企业分配的现金股利或利润。本科目可按投资者进行明细分类核算。

三、利润核算的内容

（一）营业外收入

1. 营业外收入的概念

营业外收入是指企业发生的与其日常活动无直接关系的各项利得。营业外收入并不是企业经营资金耗费所产生的，而是经济利益的净流入，不需要与有关的费用进行配比。营业外收入主要包括非流动资产毁损报废收益、与企业日常活动无关的政府补助、盘盈利得、捐赠利得等。

2. 营业外收入的账务处理

（1）企业发生各项营业外收入时，应借记“银行存款”“待处理财产损溢”“固定资产清理”“应付账款”等科目，贷记“营业外收入”科目。

（2）期末将“营业外收入”科目的余额转入“本年利润”科目，应借记“营业外收入”科目，贷记“本年利润”科目，结转后，“营业外收入”科目无余额。

（二）营业外支出

1. 营业外支出的概念

营业外支出是指企业发生的与其日常活动无直接关系的各项损失。营业外支出主要包括非流动资产毁损报废损失、捐赠支出、盘亏损失、非常损失、罚款支出等。

2. 营业外支出的账务处理

（1）企业发生各项营业外支出时，应借记“营业外支出”科目，贷记“银行存款”“待处理财产损溢”“固定资产清理”等科目。

（2）期末将“营业外支出”科目的余额转入“本年利润”科目，借记“本年利润”科目，贷记“营业外支出”科目，结转后，“营业外支出”科目无余额。

（三）所得税费用

所得税费用的计算公式为

所得税费用 = 当期所得税 + 递延所得税

1. 当期所得税

当期所得税是指当期应交所得税，通过“应交税费——应交所得税”科目核算。其计算公式为

应纳税所得额 = 税前会计利润 + 纳税调整增加额 − 纳税调整减少额

应交所得税 = 应纳税所得额 × 所得税税率

式中，纳税调整增加额主要包括企业所得税法规定允许扣除项目中，企业已计入当期费用但超过税法规定扣除标准的金额（如超过企业所得税法规定标准的职工福利费、工会经费、职工教育经费、业务招待费、公益性捐赠支出、广告费和业务宣传费等），以及企业已计入当期损失但企业所得税法规定不允许扣除项目的金额（如税收滞纳金、罚金、罚款等）。

纳税调整减少额主要包括按企业所得税法规定允许弥补的亏损和准予免税的项目，如国债利息收入等。

2. 递延所得税

递延所得税包括递延所得税资产和递延所得税负债。其计算公式为

递延所得税 =（递延所得税负债的期末余额 − 递延所得税负债的期初余额）−（递延所得税资产的期末余额 − 递延所得税资产的期初余额）

（1）递延所得税负债。递延所得税负债产生于应纳税暂时性差异。应纳税暂时性差异的特点是本期不纳税、未来期间应纳税。通常，在资产的账面价值大于其计税基础或者负债的账面价值小于其计税基础时，产生应纳税暂时性差异。

企业确认递延所得税负债时，应借记“所得税费用”等科目，贷记“递延所得税负债”科目。

（2）递延所得税资产。递延所得税资产产生于可抵扣暂时性差异。可抵扣暂时性差异的特点是本期应纳税、未来期间可抵扣。通常，在资产的账面价值小于其计税基础或者负债的账面价值大于其计税基础时，产生可抵扣暂时性差异。

企业确认递延所得税资产时，应借记“递延所得税资产”科目，贷记“所得税费用”等科目。

3. 所得税费用的账务处理

（1）企业计算确定的当期所得税和递延所得税之和，即应从当期利润总额中扣除的所得税费用，应借记“所得税费用”等科目，贷记“应交税费——应交所得税”等科目。

（2）期末将“所得税费用”科目的余额转入“本年利润”科目，应借记“本年利润”科目，贷记“所得税费用”科目，结转后，“所得税费用”科目无余额。

（四）本年利润

1. 结转本年利润的方法

（1）表结法。表结法是通过利润表来结计本年利润的方法。表结法下，各损益类科目每月末须将本月发生额和月末累计余额填入利润表中，无须结转到“本年利润”科目，只有在年末时才将全年累计余额结转入“本年利润”科目。

（2）账结法。账结法是指通过账户结转来结计本年利润的方法。账结法下，每月末均须编制转账凭证，将在账上结计出的各损益类科目的余额结转入“本年利润”科目。损益类科目月末不留余额。

2. 本年利润的账务处理

（1）损益类科目余额转入本年利润。结转各项收入、利得，应借记“主营业务收入”“其他业务收入”“营业外收入”“投资收益”等科目，贷记“本年利润”科目。

结转各项费用、损失，应借记“本年利润”科目，贷记“主营业务成本”“其他业务成本”“税金及附加”“销售费用”“管理费用”“财务费用”“营业外支出”“信用减值损失”“资产减值损失”“所得税费用”等科目。

（2）本年利润转入利润分配。年度终了，企业应将“本年利润”科目的本年累计余额转入“利润分配——未分配利润”科目。如“本年利润”为贷方余额，应借记“本年利润”科目，贷记“利润分配——未分配利润”科目；如“本年利润”为借方余额，做相反的会计分录，应借记“利润分配——未分配利润”科目，贷记“本年利润”科目。结转后，“本年利润”科目应无余额。

（五）利润分配

利润分配是指企业根据国家有关规定和企业章程、投资者协议等，对企业当年可供分配的利润所进行的分配。可供分配的利润的计算公式为

可供分配的利润＝当年实现的净利润（或净亏损）＋年初未分配利润（或－年初未弥补亏损）＋其他转入

式中，其他转入一般是指盈余公积补亏。

利润分配的顺序依次是提取法定盈余公积、提取任意盈余公积、向投资者分配利润。

1. 提取盈余公积

企业提取法定盈余公积、任意盈余公积时，应借记“利润分配——提取法定盈余公积、提取任意盈余公积”等科目，贷记“盈余公积”科目。

2. 经股东大会或类似权力机构批准，向投资者分配现金股利或利润

经股东大会或类似权力机构批准，企业向投资者分配现金股利或利润时，应借记“利润分配——应付现金股利或利润”科目，贷记“应付股利”科目。

3. 将“利润分配”科目所属其他明细科目的余额转入“未分配利润”明细科目

将“利润分配”科目所属其他明细科目的余额转入“未分配利润”明细科目时，应借记“利润分配——未分配利润”科目，贷记“利润分配——提取法定盈余公积”“利润分配——提取任意盈余公积”“利润分配——应付现金股利”等科目，借记“利润分配——盈余公积补亏”科目，贷记“利润分配——未分配利润”科目。

结转后，“利润分配——未分配利润”科目如为贷方余额，表示累积未分配的利润金额；“利润分配——未分配利润”科目如为借方余额，则表示累积未弥补的亏损金额。

职业能力训练

一、职业分析能力训练

【分析思考】

1. ［判断题］年度终了，除“利润分配——未分配利润”科目外，“利润分配”科目下的其他明细科目应当无余额。（　　）

2.［单项选择题］某企业本期营业收入为 1 000 万元，主营业务成本为 500 万元，其他业务成本为 80 万元，资产减值损失为 15 万元，公允价值变动收益为 30 万元，营业外收入为 20 万元，营业外支出为 10 万元，所得税税率为 25%。假定不考虑递延所得税等其他因素。该企业本期净利润为（　　）万元。

A. 408.75　　B. 401.25　　C. 333.75　　D. 130

3. 某工业企业发生以下经济业务：

□发生的办公设备日常维护费。

□固定资产盘亏损失。

□公益性捐赠支出。

□行政罚款支出。

□自然灾害导致生产线报废净损失。

□支付会计师事务所审计费。

问题：上述经济业务哪些属于企业的营业外支出？请在相应的□中打“√”。

二、职业实践能力训练

（一）业务描述

【业务 1】甲企业按规定转销确实无法支付的应付账款 9 000 元。

【业务 2】甲企业在购销业务中，由于对方违约，收到对方单位支付的违约金 20 000 元。

【业务 3】甲企业在现金清查中盘盈 300 元，经批准后转账。

【业务 4】甲企业因延期纳税，用银行存款支付税收滞纳金 500 元。

【业务 5】甲企业一项价值 100 万元的非专利技术已被其他新型技术所替代，甲企业决定将其转入报废处理，报废时已累计摊销 20 万元。未计提减值准备，不考虑增值税等其他因素。

【业务 6】甲企业发生原材料意外灾害损失 20 万元，经批准转账，不考虑相关税费。

【业务 7】甲企业因违反环保法规定支付罚款 20 万元，该企业税前会计利润经计算为 1 800 万元，所得税税率为 25%。请完成所得税费用的计算及其账务处理。

【业务 8】甲企业年初未分配利润为 500 000 元。当年实现净利润为 1 000 000 元，

按 10% 提取法定盈余公积，按 5% 提取任意盈余公积，并分配给投资者利润为 200 000 元。

（二）训练目标

能够根据发生的经济业务，熟练地进行营业外收入、营业外支出、所得税费用、本年利润、利润分配的账务处理。

（三）训练内容

1. 请对表 9-5 中的账户进行解析。

表9-5

账户名称	类别	借方	贷方	余额	明细核算
营业外收入					
营业外支出					
所得税费用					
本年利润					
利润分配					
应付股利					

2. 根据业务 7 提供的数据在表 9-6 中计算应纳税所得额和应交所得税。

表9-6

业务序号	计　算
【业务7】	应纳税所得额＝ 应交所得税＝

3. 根据业务 8 提供的数据在表 9-7 中计算提取的法定盈余公积和任意盈余公积。

表9-7

业务序号	计　算
【业务8】	提取的法定盈余公积＝ 提取的任意盈余公积＝

4. 根据业务 1 至业务 7 在表 9-8 中编写相应的会计分录。

表9-8

业务序号	会计分录
【业务1】	
【业务2】	
【业务3】	
【业务4】	
【业务5】	

续表

业务序号	会计分录
【业务6】	
【业务7】	

5. 根据业务 8 在表 9-9 中编写会计分录。

表9-9

业务序号	会计分录
【业务8】	（1）结转当年实现的净利润 （2）提取法定盈余公积和任意盈余公积 （3）向投资者分配利润 （4）结转利润分配的各明细账户余额 企业年末累计未分配利润＝ 企业净利润年终结转后，“本年利润”账户、“利润分配”账户的各有关明细账户（除未分配利润外）的余额均为 0。“利润分配——未分配利润”明细账户中有贷方余额 ________ 元

思维导图

- 收入、费用和利润
  - 核算收入
    - 收入的概念
    - 收入的确认条件
    - 收入确认和计量的步骤
    - 核算收入应设置的会计科目
    - 收入核算的内容
  - 核算费用
    - 费用的概念
    - 费用的分类
      - 营业成本
      - 税金及附加
      - 期间费用
    - 费用的确认条件
    - 核算费用应设置的会计科目
    - 费用核算的内容
      - 主营业务成本
      - 其他业务成本
      - 销售费用
      - 管理费用
      - 财务费用
      - 税金及附加
  - 核算利润
    - 利润的概念
    - 核算利润应设置的会计科目
    - 利润核算的内容
      - 营业外收入
      - 营业外支出
      - 所得税费用
      - 本年利润
      - 利润分配

项目十 财务报表

学习目标

知识目标

- 熟知财务报表的概念；
- 掌握资产负债表和利润表的编制方法。

能力目标

- 能熟练地编制资产负债表和利润表；
- 能对财务报表进行简单的分析。

项目导入

财务报表对投资人来说是非常重要的，但财务报表是如何编制出来的？财务报表有什么作用？除了投资人重视财务报表外，还有哪些部门和人员关注财务报表？

学习了各会计要素的确认、计量和记录之后，本项目将学习财务报表的编制。编制财务报表是对某一会计期间工作的终结。

任务一 认识资产负债表

夯实基础知识

财务报表是对企业财务状况、经营成果和现金流量的结构性表述。一套完整的财务报表至少应当包括资产负债表、利润表、现金流量表、所有者权益（或股东权益）变动表及附注。

一、资产负债表的概念

资产负债表是反映企业在某一特定日期的财务状况的报表。企业编制资产负债表的目的是如实反映企业的资产、负债和所有者权益金额及其结构情况，帮助财务报表使用者全面了解企业的财务状况，分析企业的偿债能力，从而为其做出经济决策提供依据。

微课

资产负债表

二、资产负债表的编制依据

资产负债表是根据“资产 = 负债 + 所有者权益”这一会计等式，依照一定的分类标准和顺序，将企业在一定日期的全部资产、负债和所有者权益项目进行适当分类排列后编制而成的。

三、资产负债表的格式

资产负债表的格式主要有账户式和报告式两种。在我国，资产负债表采用账户式的格式，即左侧列示资产，右侧列示负债和所有者权益。

资产负债表由表头和表体两部分组成，表头部分应列明报表名称、编制单位名称、资产负债表日和金额单位等。表体部分是资产负债表的主体，列示了用以说明企业财务状况的各个项目。资产项目大体按资产的流动性大小排列。负债及所有者权益项目，一般按要求清偿时间的先后顺序排列。资产各项目的合计一定等于负债和所有者权益各项目的合计。资产负债表的格式对比如表 10-1 所示。

表10–1

<table>
<tr><td colspan="3">表头部分（包括报表名称、编制单位名称、资产负债表日、金额单位等）</td></tr>
<tr><td colspan="3">表体部分</td></tr>
<tr><td>报告式格式</td><td colspan="2">账户式格式（我国）</td></tr>
<tr><td>资产
负债
所有者权益</td><td>资产</td><td>负债
所有者权益</td></tr>
<tr><td>资产＝负债＋所有者权益</td><td colspan="2">资产＝负债＋所有者权益</td></tr>
</table>

四、资产负债表的编制方法

资产负债表的各项目均须填列“上年年末余额”和“期末余额”两栏。

（一）上年年末余额

资产负债表中的“上年年末余额”栏内各项数字，应根据上年年末资产负债表中的“期末余额”栏内所列数字填列。

（二）期末余额

资产负债表中的“期末余额”栏内各项数字，一般应根据资产、负债和所有者权益类科目的期末余额填列。

1. 部分资产项目的填列说明

（1）“货币资金”项目。“货币资金”项目应根据“库存现金”“银行存款”“其他货币资金”科目期末余额的合计数填列。

（2）“应收票据”项目。“应收票据”项目应根据“应收票据”科目的期末余额，减去“坏账准备”科目中相关坏账准备期末余额后的金额分析填列。

（3）“应收账款”项目。“应收账款”项目应根据“应收账款”和“预收账款”科目所属各明细科目的期末借方余额合计数，减去“坏账准备”科目中有关应收账款计提的坏账准备期末余额后的金额填列。

（4）“预付款项”项目。“预付款项”项目应根据“预付账款”和“应付账款”科目所属各明细科目的期末借方余额合计数，减去“坏账准备”科目中有关预付账款计提的坏账准备期末余额后的金额填列。

（5）“其他应收款”项目。“其他应收款”项目应根据“应收利息”“应收股利”“其他应收款”科目的期末余额合计数，减去“坏账准备”科目中相关坏账准备期末余额后的金额填列。

（6）“存货”项目。“存货”项目应根据“材料采购”“原材料”“库存商品”“周转材料”“委托加工物资”“发出商品”“生产成本”“受托代销商品”等科目的期末余额合计数，减去“受托代销商品款”“存货跌价准备”科目期末余额后的金额填列。材料采用计划成本核算以及库存商品采用计划成本核算或售价核算的企业，还应按加或减材料成本差异、商品进销差价后的金额填列。

（7）“一年内到期的非流动资产”项目。“一年内到期的非流动资产”项目反映企业预计自资产负债表日起一年内变现的非流动资产。本项目应根据有关科目的期末余额分析填列。

（8）“固定资产”项目。“固定资产”项目应根据“固定资产”科目的期末余额，减去“累计折旧”和“固定资产减值准备”科目的期末余额后的金额，以及“固定资产清理”科目的期末余额填列。

（9）“在建工程”项目。“在建工程”项目应根据“在建工程”科目的期末余额，减去“在建工程减值准备”科目的期末余额后的金额，以及“工程物资”科目的期末余额，减去“工程物资减值准备”科目的期末余额后的金额填列。

（10）“无形资产”项目。“无形资产”项目应根据“无形资产”科目的期末余额，减去“累计摊销”和“无形资产减值准备”科目期末余额后的金额填列。

（11）“开发支出”项目。“开发支出”项目应根据“研发支出”科目所属的“资本化支出”明细科目期末余额填列。

（12）“长期待摊费用”项目。“长期待摊费用”项目应根据“长期待摊费用”科目的期末余额，减去将于一年（含一年）内摊销的数额后的金额分析填列。

2. 部分负债项目的填列说明

（1）“短期借款”项目。“短期借款”项目应根据“短期借款”科目的期末余额填列。

（2）“应付票据”项目。“应付票据”项目应根据“应付票据”科目的期末余额填列。

（3）“应付账款”项目。“应付账款”项目应根据“应付账款”和“预付账款”科目所属的相关明细科目的期末贷方余额合计数填列。

（4）“预收款项”项目。“预收款项”项目应根据“预收账款”和“应收账款”科目所属各明细科目的期末贷方余额合计数填列。

（5）“应付职工薪酬”项目。“应付职工薪酬”项目应根据“应付职工薪酬”科目所属各明细科目的期末贷方余额分析填列。

（6）“应交税费”项目。“应交税费”项目应根据“应交税费”科目的期末贷方余额填列。需要说明的是，“应交税费”科目下的“应交增值税”“未交增值税”“待抵扣进项税额”“待认证进项税额”“增值税留抵税额”等明细科目期末借方余额，应根据情况在资产负债表中的“其他流动资产”或“其他非流动资产”项目列示。

（7）“其他应付款”项目。“其他应付款”项目应根据“应付利息”“应付股利”“其他应付款”科目的期末余额合计数填列。

（8）“一年内到期的非流动负债”项目。“一年内到期的非流动负债”项目反映企业非流动负债中将于资产负债表日后一年内到期部分的金额，如将于一年内偿还的长期借款。本项目应根据有关科目的期末余额分析填列。

（9）“长期借款”项目。“长期借款”项目应根据“长期借款”科目的期末余额，扣除“长期借款”科目所属的明细科目中将在资产负债表日起一年内到期且企业不能自主地将清偿义务展期的长期借款后的金额计算填列。

3. 部分所有者权益项目的填列说明

（1）“实收资本（或股本）”项目。“实收资本（或股本）”项目应根据“实收资本（或股本）”科目的期末余额填列。

（2）“资本公积”项目。“资本公积”项目应根据“资本公积”科目的期末余额填列。

（3）“盈余公积”项目。“盈余公积”项目应根据“盈余公积”科目的期末余额填列。

（4）“未分配利润”项目。“未分配利润”项目应根据“本年利润”科目和“利润分配”科目的余额计算填列。未弥补的亏损在本项目内以“-”号填列。

职业能力训练

一、职业分析能力训练

【分析思考】

1. 资产负债表编制的理论依据是什么？

____

____

2. 资产负债表能够反映出什么信息？

____

____

3. 资产负债表中资产、负债和所有者权益各项目的排列顺序有什么规律？

____

____

二、职业实践能力训练

1. 业务描述

甲公司的试算平衡表如表10-2所示。

表10-2　试算平衡表

2021年11月30日　　　　单位：元

<table>
<tr><th colspan="2" rowspan="2">账户名称</th><th colspan="2">明细账户余额</th><th colspan="2">总账余额</th></tr>
<tr><th>借　方</th><th>贷　方</th><th>借　方</th><th>贷　方</th></tr>
<tr><td colspan="2">库存现金</td><td>25 820</td><td></td><td>25 820</td><td></td></tr>
<tr><td colspan="2">银行存款</td><td>5 588 000</td><td></td><td>5 588 000</td><td></td></tr>
<tr><td rowspan="2">应收账款</td><td>A公司</td><td>2 500 000</td><td></td><td rowspan="2">1 500 000</td><td rowspan="2"></td></tr>
<tr><td>B公司</td><td></td><td>1 000 000</td></tr>
<tr><td colspan="2">坏账准备——应收账款</td><td></td><td>125 000</td><td></td><td>125 000</td></tr>
<tr><td colspan="2">应收票据</td><td>150 000</td><td></td><td>150 000</td><td></td></tr>
<tr><td colspan="2">原材料</td><td>1 845 000</td><td></td><td>1 845 000</td><td></td></tr>
<tr><td colspan="2">库存商品</td><td>610 800</td><td></td><td>610 800</td><td></td></tr>
<tr><td colspan="2">生产成本</td><td>9 000</td><td></td><td>9 000</td><td></td></tr>
<tr><td colspan="2">固定资产</td><td>4 979 000</td><td></td><td>4 979 000</td><td></td></tr>
<tr><td colspan="2">累计折旧</td><td></td><td>310 000</td><td></td><td>310 000</td></tr>
<tr><td colspan="2">固定资产清理</td><td>21 000</td><td></td><td>21 000</td><td></td></tr>
<tr><td colspan="2">无形资产</td><td>180 000</td><td></td><td>180 000</td><td></td></tr>
<tr><td colspan="2">累计摊销</td><td></td><td>30 000</td><td></td><td>30 000</td></tr>
<tr><td colspan="2">短期借款</td><td></td><td>4 000 000</td><td></td><td>4 000 000</td></tr>
</table>

续表

<table>
<tr><th colspan="2" rowspan="2">账户名称</th><th colspan="2">明细账户余额</th><th colspan="2">总账余额</th></tr>
<tr><th>借 方</th><th>贷 方</th><th>借 方</th><th>贷 方</th></tr>
<tr><td colspan="2">应付利息</td><td></td><td>20 000</td><td></td><td>20 000</td></tr>
<tr><td rowspan="2">应付账款</td><td>C公司</td><td></td><td>2 500 000</td><td rowspan="2"></td><td rowspan="2">1 500 000</td></tr>
<tr><td>D公司</td><td>1 000 000</td><td></td></tr>
<tr><td colspan="2">其他应付款</td><td></td><td>50 000</td><td></td><td>50 000</td></tr>
<tr><td colspan="2">应交税费</td><td></td><td>261 005</td><td></td><td>261 005</td></tr>
<tr><td colspan="2">应付职工薪酬</td><td></td><td>239 600</td><td></td><td>239 600</td></tr>
<tr><td colspan="2">实收资本</td><td></td><td>6 000 000</td><td></td><td>6 000 000</td></tr>
<tr><td colspan="2">资本公积</td><td></td><td>400 000</td><td></td><td>400 000</td></tr>
<tr><td colspan="2">盈余公积</td><td></td><td>165 000</td><td></td><td>165 000</td></tr>
<tr><td colspan="2">本年利润</td><td></td><td>808 015</td><td></td><td>808 015</td></tr>
<tr><td colspan="2">利润分配</td><td></td><td>1 000 000</td><td></td><td>1 000 000</td></tr>
<tr><td colspan="2">合计</td><td>16 908 620</td><td>16 908 620</td><td>14 908 620</td><td>14 908 620</td></tr>
</table>

2. 训练目标

能够根据试算平衡表，熟练编制资产负债表（见表 10–3）。

表10–3 资产负债表

会企01表

编制单位：甲公司　　2021年11月30日　　单位：元

资　产	期末余额	上年年末余额	负债和所有者权益（或股东权益）	期末余额	上年年末余额
流动资产：		（略）	流动负债：		（略）
货币资金			短期借款		
交易性金融资产			应付票据		
衍生金融资产			衍生金融负债		
应收票据			应付账款		
应收账款			预收款项		

续表

资　　产	期末余额	上年年末余额	负债和所有者权益（或股东权益）	期末余额	上年年末余额
预付款项			应付职工薪酬		
其他应收款			应交税费		
存货			其他应付款		
一年内到期的非流动资产			一年内到期的非流动负债		
其他流动资产			其他流动负债		
流动资产合计			流动负债合计		
非流动资产：			非流动负债：		
固定资产			长期借款		
在建工程			非流动负债合计		
无形资产			负债合计		
开发支出			所有者权益（或股东权益）：		
长期待摊费用			实收资本（或股本）		
非流动资产合计			资本公积		
			盈余公积		
			未分配利润		
			所有者权益（或股东权益）合计		
资产总计			负债和所有者权益（或股东权益）总计		

财经知识拓展

【小组讨论】

对资产负债表的结构进行分析，思考以下问题：

（1）什么资产结构是最理想化的（重点分析货币资金、存货、固定资产、无形资产、开发支出等项目）？

（2）什么负债结构是最理想化的？

（3）什么所有者权益结构是最理想化的？

任务二 认识利润表

夯实基础知识

一、利润表的概念

利润表是反映企业在一定会计期间的经营成果的报表。企业编制利润表的目的是如实反映企业实现的收入、发生的费用和形成的利润，为财务报表使用者全面了解企业的经营成果、分析企业的获利能力及盈利增长趋势、做出经济决策提供依据。

微课

利润表的计算

二、利润表的编制依据

利润表是以“收入－费用＝利润”这一会计等式为依据，将一定会计期间的收入与费用进行配比，计算出企业的盈利或亏损。

三、利润表的格式

利润表的格式主要有多步式和单步式两种。在我国，利润表采用多步式的格式，将不同性质的收入和费用分别进行对比，帮助财务报表的使用者理解企业经营成果的不同来源。

利润表有表头和表体两部分组成，表头部分应列明报表名称、编制单位名称、编制日期和金额单位等。表体部分是利润表的主体，反映了形成经营成果的各个项目和计算过程。利润表的格式比较如表 10–4 所示。

表10–4

表头部分（包括报表名称、编制单位名称、编制日期、金额单位等）
表体部分

续表

单步式格式	多步式格式（我国）
收入 费用 净利润	营业利润 利润总额 净利润 其他综合收益的税后净额 综合收益总额

四、利润表的编制方法

利润表中各项目均须填列“上期金额”和“本期金额”两栏。

（一）上期金额

利润表中的“上期金额”栏内各项数字，应根据上年该期利润表中的“本期金额”栏内所列数字填列。

（二）本期金额

利润表中的“本期金额”栏内各项数字，除“基本每股收益”和“稀释每股收益”项目外，应当按照相关科目的发生额分析填列。

利润表中部分项目的填列说明如下：

（1）“营业收入”项目。“营业收入”项目应根据“主营业务收入”和“其他业务收入”科目的发生额分析填列。

（2）“营业成本”项目。“营业成本”项目应根据“主营业务成本”和“其他业务成本”科目的发生额分析填列。

（3）“税金及附加”项目。“税金及附加”项目应根据“税金及附加”科目的发生额分析填列。

（4）“销售费用”项目。“销售费用”项目应根据“销售费用”科目的发生额分析填列。

（5）“管理费用”项目。“管理费用”项目应根据“管理费用”科目的发生额分析填列。

（6）“研发费用”项目。“研发费用”项目应根据“管理费用”科目下的“研发费用”明细科目的发生额分析填列。

（7）“财务费用”项目。“财务费用”项目应根据“财务费用”科目的发生额分析填列。

（8）“其他收益”项目。“其他收益”项目应根据“其他收益”科目的发生额分析填列。

（9）“投资收益”项目。“投资收益”项目应根据“投资收益”科目的发生额分析填列。如为投资损失，本项目以“-”号填列。

（10）“公允价值变动收益”项目。“公允价值变动收益”项目应根据“公允价值变动损益”科目的发生额分析填列，如为净损失，本项目以“-”号填列。

（11）“信用减值损失”项目。“信用减值损失”项目应根据“信用减值损失”科目的发生额分析填列。

（12）“资产减值损失”项目。“资产减值损失”项目应根据“资产减值损失”科目的发生额分析填列。

（13）“资产处置收益”项目。“资产处置收益”项目应根据“资产处置损益”科目的发生额分析填列。如为处置损失，本项目以“-”号填列。

（14）“营业利润”项目。“营业利润”项目反映企业实现的营业利润。如为亏损，本项目以“-”号填列。营业利润的计算公式为

营业利润＝营业收入－营业成本－税金及附加－销售费用－管理费用－研发费用－财务费用＋其他收益＋投资收益（损失“-”）＋公允价值变动收益（损失“-”）＋信用减值损失（损失“-”）＋资产减值损失（损失“-”）＋资产处置收益（损失“-”）

（15）“营业外收入”项目。“营业外收入”项目应根据“营业外收入”科目的发生额分析填列。

（16）“营业外支出”项目。“营业外支出”项目应根据“营业外支出”科目的发生额分析填列。

（17）“利润总额”项目。“利润总额”项目反映企业实现的利润。如为亏损，本项目以“-”号填列。利润总额的计算公式为

利润总额＝营业利润＋营业外收入－营业外支出

（18）“所得税费用”项目。“所得税费用”项目应根据“所得税费用”科目的发生额分析填列。

（19）“净利润”项目。“净利润”项目反映企业实现的净利润。如为亏损，本项目以“-”号填列。净利润的计算公式为

净利润＝利润总额－所得税费用

职业能力训练

一、职业分析能力训练

【分析思考】

1. 利润表编制的理论依据是什么?

____

____

2. 利润表能够反映出什么信息?

____

____

3. 与单步式利润表相比，多步式利润表有什么优点?

____

____

二、职业实践能力训练

1. 业务描述

损益类账户发生额如表 10–5 所示。

表10–5　损益类账户发生额

2021年12月　　单位：元

账户名称	借方发生额	贷方发生额
主营业务收入		180 000.00
其他业务收入		20 000.00
主营业务成本	70 000.00	
其他业务成本	10 000.00	
管理费用（其中研发费用900.00）	4 000.00	
财务费用（其中利息费用800.00）	800.00	
信用减值损失		1 650.00
资产处置损益		9 500.00
营业外支出	4 000.00	
所得税费用	30 587.50	

2. 训练目标

能够根据损益类账户的发生额，熟练编制利润表（见表 10-6）。

表10-6 利润表

会企02表

编制单位：甲公司　　2021年12月　　单位：元

项　目	本期金额	上期金额
一、营业收入		（略）
减：营业成本		
税金及附加		
销售费用		
管理费用		
研发费用		
财务费用		
其中：利息费用		
利息收入		
加：其他收益		
投资收益（损失以“-”号填列）		
公允价值变动收益（损失以“-”号填列）		
信用减值损失（损失以“-”号填列）		
资产减值损失（损失以“-”号填列）		
资产处置收益（损失以“-”号填列）		
二、营业利润（亏损以“-”号填列）		
加：营业外收入		
减：营业外支出		
三、利润总额（亏损总额以“-”号填列）		
减：所得税费用		
四、净利润（净亏损以“-”号填列）		
……		

财经知识拓展

财务报表应该报送给谁

东明公司成立后的第一个会计期末，有关人员就财务报表送给哪些人而争论不休。

董事长说："公司是由出资人创办的，与其他有关方面和部门无关，财务报表只报送投资者即可。"

总经理说："财务报表报送给投资人我没有意见，但由于公司的日常生产经营活动是在我的指挥下进行的，财务报表必须报送一份给我。"

公司内部审计部门说："内部审计对内向管理当局提供服务，需要对会计资料进行审计，以保证会计信息的真实性，以便于管理者使用正确的信息决策，保护企业的资产安全，因此会计部门必须向内部审计部门提供财务报表。"

最后董事长问财务经理："你认为财务报表应该报送给谁？"

财务经理说：……。

大家一致同意财务经理的看法。

【小组讨论】

（1）假设你是财务经理，你怎样回答董事长"财务报表应该报送给谁"的问题？

（2）财务报表编制的基本要求有哪些？

德育园地

康得新财务造假案

康得新财务造假案系一起上市公司连续多年财务造假的典型案件。2015—2018 年，康得新复合材料集团股份有限公司编造虚假合同、单据虚增收入和成本费用，累计虚增利润 115 亿元。本案表明，财务舞弊严重破坏市场诚信基础和投资者信心，严重破坏信息披露制度的严肃性，监管部门应坚决依法从严查处上市公司财务造假等恶性违法行为。

资料来源：证监会“2020 年证监稽查 20 起典型违法案例”。

学习讨论

（1）作为一名财务人员，应如何遵守“说真话、做真账”这一职业道德底线？

（2）作为一名公民，应如何提高自己的诚信素养？

思维导图

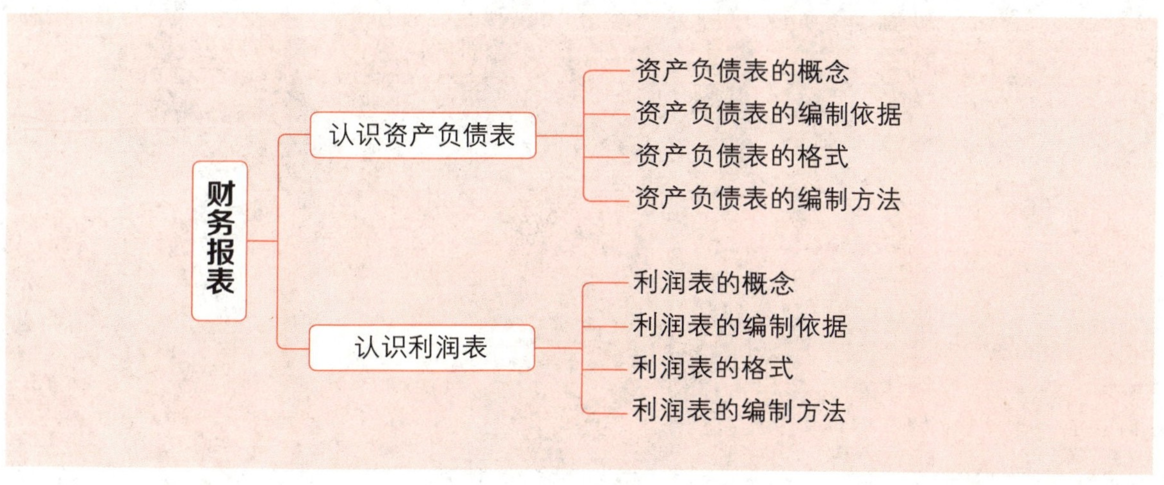

参考文献

[1] 潘上永. 会计思维 [M]. 北京：高等教育出版社，2020.

[2] 中华会计网校. 初级会计实务 [M]. 2 版. 北京：高等教育出版社，2018.

[3] 财政部会计资格评价中心. 初级会计实务 [M]. 北京：经济科学出版社，2020.

[4] 财政部会计资格评价中心. 经济法基础 [M]. 北京：经济科学出版社，2020.

[5] 谢国珍，李传双. 财务会计 [M]. 6 版. 北京：高等教育出版社，2019.

[6] 杨蕊，梁健秋. 企业财务会计：会计专业 [M]. 5 版. 北京：高等教育出版社，2018.

[7] 吴福喜，中华会计网校. 初级会计实务应试指南 [M]. 北京：北京理工大学出版社，2019.